MICRO ECONOMICS

ミクロ経済学の技

神取道宏　KANDORI, Michihiro

日本評論社　　　　　　Nippon Hyoron Sha Co.,Ltd.

はじめに

　本書は、教科書『ミクロ経済学の力』に準拠した、ミクロ経済学の練習問題集です。主として「数学（微分）を使った学部の中級ミクロ経済学」を念頭に置いていますが、学部初級〜大学院 1 年目くらいの内容をもカバーしています。ここに含まれている問題は、著者が長年にわたって東京大学経済学部進学予定の 2 年生を対象に出題してきた演習問題に基づいており、これらを解くことで、経済学というツールを縦横に駆使して社会問題に斬り込んでゆく「技」を身につけていただけたらと思います。

　さて、われわれが経済学を学ぶ理由はいったい何なのでしょうか。それは、社会・経済の仕組みに関して、先人が長年にわたって思索と論争をくり返して明らかにした、「なるほど、こういうことだったのか！」という発見や知恵を、身につけるために他なりません。もとより、経済学は万能ではなく、まだまだわかっていないことも多いのですが、それでもこれをしっかり学べば次のようなことができるようになります。

- 言われてみれば、「あー、その通り」と思うようなことでも、**経済学の訓練を受けていないとうっかり見落としがちな**、現実の社会問題を見る際の大切なポイントを押さえる
- 「常識」に基づいた議論が陥りがちな、**よくある誤りのパターン**を見抜く
- さまざまな社会問題について、自分の正義感を押し付けるのではなく、**国民一人ひとりの立場に立って判断する**習慣をつける

　こうした技を身につけ、社会を見る目を養うには、**実際にさまざまな問題を自分で解いてみる**ことが必要です。

さて、このような観点に立って、市販されている経済学の演習書を見てみたところ、残念ながらその多くが

- 内容がウスラクソつまらない
- 各種の試験対策のためなのか、奇妙な計算問題のオンパレード

となっているのを発見して愕然としました。

確かに経済学は、数理モデルを使って複雑な現実の要点をズバリと取り出して見せる、というところにその威力と魅力があるわけで、そのためには数学モデルの扱いに慣れることは重要です。しかしながら、現実を理解するためというよりも、「学生に要求されている数学の知識で解けるように、わざわざ作られたモデル」を解くこと、たとえば「$(x+y)^2$ と $\min\{x,y\}$ という効用関数を持つ消費者からなる交換経済の市場均衡を計算せよ」というような類の問題を解くことばかりが自己目的化しているような状況は、残念であると言わざるをえません。というのは、物理や化学の計算練習問題には、確かにそれらにばっちり対応した現実の事象があり、「この車が止まるまでの距離が計算できてよかった！」というような「計算をする意味」があるわけです。しかし、先に述べた均衡の計算問題について考えてみると、そんな効用関数を持った人が二人だけいる経済なんてあるはずがないわけで、この例からわかるように、**多くの計算問題に出てくるモデルを解くことが現実の理解に直結することはほとんどない**というところに大きな問題があります。

ではなぜ、このような問題がせっせと作られているのでしょうか。舞台裏を明かすと、「計算問題なので論述問題に比べて採点がラクである」「できる人とできない人の点差をつけやすい」ということで、そのため各種試験にはこのような問題が大量に出題されているわけです。くり返しになりますが、確かに経済モデルの使い方を身につけるにはある程度の計算練習は必要で、また、大学院に進学して研究者となり、自分で数理モデルを組み立てて論文を書くためには、そのような計算技術が必要となります。しかしながら、**学部の学生が主な対象である**演習書が、先に述べたような**経済現象を理解することに直結しない計算問題ばかりであふれかえっている**というのは残念です。最初に述べたように、経済学を学ぶ目的は、まず何よりも**社会を見る目を養う**ということなので、できたらこのよ

うな目的に沿ったものを提供したい、というのが本書を上梓した動機です。この目的がはたしてどの程度達成できているかについては、読者諸君の判断を仰ぎたいと思います。

本書の構成

社会を見る眼を養う、という目的のために、本書の各章は次のような二部構成をとることにしました。

- **A** 経済学的な考え方の基本中の基本となる事項を簡潔にまとめ、かつ丁寧に基本的な法則の導き方をふりかえる「**復習問題**」のパート
- **B** より進んだ考え方へのガイドと、切れ味のするどい経済学のツールを使ってどのように現実問題を料理できるのかを扱った「**発展問題と現実への応用**」のパート

この二つを通じて、**経済学的な考え方を自然に**（しかもできたら**知的興味を刺激される形で**）**身につける**ことができたら、と思います。ではさっそく、われわれを取り巻くさまざまな経済・社会の問題について、経済学を使って考える「技」を鍛えるトレーニングを始めましょう！

謝辞

本書は、雑誌『経済セミナー』2016年月4・5月号から2017年6・7月号にわたって掲載された、「ミクロ経済学の力をつけよう！」をもとに、加筆・問題追加をしたものです。本書を準備するにあたって日本評論社の小西ふき子さんと吉田素規さんには、大変有益な助言と励ましをいただきました。また、東京大学大学院経済学研究科の朝見絢二朗君、菊池信之助君、岸下大樹君、東和志君は、原稿に目を通してさまざまな改善方法を示唆してくれました。さらに、鬼才・末吉亮さん（図工ファイブ）には、今回もまた素敵な装丁をしていただきました。これらすべての方々に感謝したいと思います。

最後に本書を、いつも暖かく楽しいわが家を支えてくれる妻早苗と、子どもたち幸声・大智に捧げます。

2018年　早春

神取道宏

目　次

はじめに……i

経済学ビフォーアフター…1

技を磨く心得三カ条……5

第1章　消費者行動の理論…6

本章で学ぶこととキーワード…6
復習問題：基本中の基本を身につけよう！…8
- A1　事実解明的な問いと規範的な問いとは…8
- A2　選好と効用…8
- A3　無差別曲線…9
- A4　最適消費の図解…10
- A5　限界効用…10
- A6　限界代替率と限界効用の関係…11
- A7　効用最大化から最適消費を導く…12
- A8　上級財、下級財、ギッフェン財とは…13
- A9　所得効果と代替効果の図解…13
- A10　価格弾力性…14

発展問題と現実への応用…15
- B1　ラグランジュの未定乗数法…15
- B2　選好関係や効用関数の実例…15
- B3　ミクロ経済モデルを使った政策分析の信頼性…16
- B4　支出関数…18
- B5　消費の二面性（双対性）…18
- B6　スルツキー分解式…18
- B7　代替材・補完財の定義…19
- B8　価格下落による安物と高級品の需要の変化の違い…19
- B9　データを見れば効用最大化しているかどうかがわかるか？…20
- B10　電力値上げとスルツキー分解…21
- B11　損害賠償の金額を、需要曲線から推定する…22
- B12　タクシー需要の価格弾力性…24
- B13　豊作貧乏…24
- B14　頭の体操：3つの財の間の補完性…25

解答…25

第2章　企業行動の理論…39

本章で学ぶこととキーワード…39
復習問題：基本中の基本を身につけよう！…41

- **A1** 限界生産性、平均生産性、可変費用、固定費用、サンク・コスト…**41**
- **A2** 生産関数と利潤最大化…**42**
- **A3** 費用・供給・利潤の関係…**42**
- **A4** 生産関数から費用を導く…**42**
- **A5** 労働と資本を使った最適生産…**43**
- **A6** 短期と長期の平均費用の関係…**44**
- **A7** 規模に対する収穫一定と完全分配定理…**44**
- **A8** コブ・ダグラス生産関数…**44**
- **A9** 機会費用、産業の長期均衡状態…**45**

発展問題と現実への応用…**45**
- **B1** エンジニアと会計士の意外な関係…**45**
- **B2** 携帯電話会社に、使用する周波数帯を買わせると、料金が高騰する？…**46**
- **B3** 等量曲線モデルと現実…**48**
- **B4** 安定した労働分配率と経済成長…**49**
- **B5** 頭の体操：供給曲線から生産者余剰ではなく利潤そのものを計算できるか？…**51**
- **B6** 頭の体操：たくさん作れるようになると供給は増えるか？…**51**

解答…**51**

第3章　市場均衡…**69**

本章で学ぶこととキーワード…**69**
復習問題：基本中の基本を身につけよう！…**72**
- **A1** 余剰とは何か…**72**
- **A2** 余剰分析ができるための条件…**73**
- **A3** 一般均衡モデル…**73**
- **A4** 価格と物価水準…**74**
- **A5** パレート効率性…**74**
- **A6** エッジワースの箱…**74**
- **A7** 厚生経済学の第1基本定理と第2基本定理…**74**

発展問題と現実への応用…**75**
- **B1** 厚生経済学の第1基本定理の証明…**75**
- **B2** 交換経済の市場均衡…**76**
- **B3** レタスの需要曲線の推定…**76**
- **B4** コメの輸入自由化に向けてソフトランディングするには？…**78**
- **B5** 望ましい税制を考える…**78**
- **B6** 政策評価とミクロ経済学…**79**
- **B7** 頭の体操：風邪の流行と総余剰…**81**

経済学ビフォーアフター…**82**
- **C1** 音楽の無料ダウンロード…**82**
- **C2** 表参道や銀座のレストランが高いのはなぜか？…**82**
- **C3** 生活必需品への補助金…**83**
- **C4** 輸入自由化はケースバイケース？…**84**
- **C5** 高速道路料金はタダにすべきか？…**84**

C6　重要産業の保護…84
　　C7　グローバル経済における勝ち組と負け組…85
解答…85

第4章　市場の失敗…111

本章で学ぶこととキーワード…111
復習問題：基本中の基本を身につけよう！…112
　　A1　技術的外部経済と技術的外部不経済とは…112
　　A2　ガソリン税を理解する…112
　　A3　公共財の定義…112
　　A4　リンダール均衡…113
発展問題と現実への応用…113
　　B1　リンダール均衡と完全競争均衡の関係…113
経済学ビフォーアフター…113
　　C1　首都高速の料金はなぜ高いか？…114
　　C2　景観保持のための規制は望ましいか？…115
解答…115

第5章　独占…122

本章で学ぶこととキーワード…122
復習問題：基本中の基本を身につけよう！…122
　　A1　独占における最適生産量、独占がもたらす非効率性…123
　　A2　自然独占…123
発展問題と現実への応用…123
　　B1　経済学的直観を養うとはどういうことか…123
　　B2　独占価格をつけるより、もっと良い方法がある？…124
解答…125

第6章　同時手番のゲームとナッシュ均衡…132

本章で学ぶこととキーワード…132
復習問題：基本中の基本を身につけよう！…134
　　A1　ナッシュ均衡とは…134
　　A2　個人の利益追求と社会全体の利益の関係…134
　　A3　寡占への応用…134
　　A4　期待効用モデル…135
　　A5　混合戦略均衡…135
発展問題と現実への応用…136
　　B1　立地ゲーム…136
　　B2　交通政策とゲーム理論…136
　　B3　企業数が増えると完全競争に近づく…137

- **B4** 地球温暖化問題と水産資源の乱獲問題…**138**
- **B5** 保安警備とゲーム理論…**138**
- **B6** ゲームの利得の決め方を理解する…**139**
- **B7** サッカーのペナルティ・キック…**140**

経済学ビフォーアフター…**141**
- **C1** 金融ビジネスが生み出す社会的価値…**141**

解答…**142**

第7章　時間を通じたゲームと戦略の信頼性…**160**

本章で学ぶこととキーワード…**160**
復習問題：基本中の基本を身につけよう！…**162**
- **A1** 部分ゲーム完全均衡とは…**162**
- **A2** ゲームの木と部分ゲーム…**162**
- **A3** 応用問題による基本事項の確認…**162**
- **A4** 寡占への応用…**163**
- **A5** コミットメントとは…**163**
- **A6** くり返しゲームと協調…**163**

発展問題と現実への応用…**164**
- **B1** 経営者は合理的でないほうがよい？…**164**
- **B2** 図書館誘致の交渉を部分ゲーム完全均衡で理解する…**164**
- **B3** 談合とゲーム理論…**165**

経済学ビフォーアフター…**166**
- **C1** 破綻しかけた金融機関の救済の是非…**166**

解答…**166**

第8章　保険とモラル・ハザード…**178**

本章で学ぶこととキーワード…**178**
復習問題：基本中の基本を身につけよう！…**179**
- **A1** モラル・ハザードと逆淘汰…**179**
- **A2** モラル・ハザード下での最適契約…**179**

発展問題と現実への応用…**180**
- **B1** 機会の平等と結果の平等…**180**
- **B2** これからの社会を生き抜くために…**180**

解答…**181**

第9章　逆淘汰とシグナリング…**184**

本章で学ぶこととキーワード…**184**
復習問題：基本中の基本を身につけよう！…**185**
- **A1** 自己選択条件とシグナリングの原理…**185**

発展問題と現実への応用…**186**

B1 学歴社会はみんなを不幸にする？…**186**
経済学ビフォーアフター…**186**
　C1 受験勉強と労働者の能力…**186**
解答…**187**

最後に一言…**191**
経済学ビフォーアフターの解答ページ一覧…**192**
索引…**193**

経済学
ビフォー
アフター

「経済学を学んで、社会の見方が変わった！」ということを実感していただくのが本書の狙いです。そのために、いくつかの経済問題を、経済学の知識が白紙の状態で、とりあえず自力で考えてみることにしましょう。

本書を読み進めていくと、それらに意外な「正解」があることがわかってきます。

**経済学の
「使用前（ビフォー）」と
「使用後（アフター）」の、
劇的変化を体験しましょう。**

経済学　ビフォー　アフター

　以下のそれぞれの主張に対して、まず、正しいと思うか間違っていると思うかを答え、次に、その理由を簡単に記してください。
　はたして「正解」はあるのか？　それは何か？　本書を学んでいくにつれて明らかになるので、お楽しみに！

1. スマートフォンはもはや生活必需品だ。よって、政府が補助金を出して、誰もがもっと安価に使えるようにするほうが、世の中のためになる。
2. 銀座や表参道のレストランが高いのは、銀座や表参道の地価・家賃が高いからである。
3. 首都高速はめちゃくちゃに混んでいるのに、料金が世界一高いのはどう考えてもおかしい。
4. 建設費を償却し終わった高速道路はタダにすべきである。
5. すでに作成された音楽はすべて、無料でダウンロードできるようにするほうが世の中のためになる。
6. (1)日本の産業は日本経済を支える土台であるので、これをしっかり育成する必要がある。したがって、安い外国製品が日本産業を過度に弱体化させることがないように、輸入が適正な水準になるよう制限したほうがよい。
   (2)いやいや、(1)の主張は間違いだ。そのようなことをすると、国内産業は得をするが、消費者は外国の安い製品が買えなくて損をする。前者が大きいか後者が大きいかはケースバイケースなので、どちらが大きいかしっかり調査して、国内産業の損が消費者の得を上回るときにのみ、(1)の政策を発動すべきである。
7. 受験英語は実際に外国人と意思疎通するためにはほとんど役に立たない（残念ながらこれは事実です）。にもかかわらずこれがなくならないのは、企業が新規採用の際に受験英語の能力（で決まる学生の出身大学）を重視するからであり、役に立たないものを重視したり勉強したりする企業や学生は、合理的な判断を欠いていると言わざるを得ない。
8. 東京大学卒業生の年収が高いのは、子どものころからの受験勉強から始まって大学卒業にいたるまでに受けた教育が、卒業生の実力を高めるからである。
9. 政府は、これからの日本にとって重要な産業分野を慎重に選び、そのような

産業に対して積極的な経済支援を行うことが望ましい。

10 日本では看板の色に規制はないが、パリでは看板の色などが厳しく規制され、マクドナルドですらおなじみの赤い看板を出せないでいる(これは、本当です)。こうしたことは、国民の生活の質を上げるためには当然の措置で、政府は美しい景観を保持するために積極的に民間に介入すべきである。

11 世界中の地域に外国製品や外国企業が進出する経済のグローバル化が進んでいるが、これによって得をするのは主にアメリカのような経済大国や富裕層である。グローバル化とは、このような「勝ち組」が、その強大な政治力・権力を利用して「負け組」の国や地域を支配することにほかならない。

12 金融不安が起こると、破綻しかけた金融機関や財政破綻しかけた国(ギリシャなど)を救済すべきかどうかで論争が起こる。正しい判断は、救済することの便益(現在の金融不安の払拭や、困っている国を助けるという社会正義の実現)と、救済にかかる費用(国民の税負担など)をきちんと比較し、前者が後者を上回るときに救済すべきである。

13 現代は、ヘッジファンドなどの金融ビジネスが巨額の報酬を得る時代である。しかし、金融市場は誰かが得をすればその分誰かが損をしている世界である(安く買った株を高く売って得をした人がいるなら、その相手は株を安く売り高く買って損をしているはずだ)。このように、人のお金を右から左に動かすだけで、社会的な価値を何ら創造しないような金融ビジネスが巨額の報酬を得る社会は、間違っている。

コメント いかがでしょうか? 「何を手がかりにして考えてよいかわからない」「したがって**考える気力も起こらない**」というのが正直な感想ではないでしょうか。また、「常識で考えると正しい答えは決まっていそうだ」と思うものもあるでしょう。たとえば、

- 「すでに作ってしまった音楽は、タダでダウンロードできるほうが世の中のため」
  → そんなはずないだろ!
- 「銀座などの一等地のレストランが高いのは地価が高いため」
  → もちろん正しい。地価を払うために値段を上げざるを得ないのは明らか。

- 「グローバリズムは富裕層など勝ち組の政治力によるもの」
  → ネットやマスコミでこのような意見があふれているから本当ではないか？

などと思わないでしょうか。

　経済学を学ぶと、実はこれらの問題には**「意外な、明快な答えがある」**ことがわかるのです！　すべてを学び終わった後、この問題群をも一度見返してみると、「経済学を学んで、社会や経済の見方が変わった！」ということを実感してもらえると思います。それは今後のお楽しみとして、まずはミクロ経済学の出だしから、ゆっくり着実に技を磨いていきましょう。

では、始めましょう！

技を磨く心得
三カ条

0と1しかないコンピューターと違って、人間は（本当は理解していないのに）わかったふりができる天才です。わかったふりをしている状態とは、内容を理解しないでお経を読んでいるような状態のことです。お坊さんがお経を読んでいる状態を脱して、本当に理解する境地にたどり着くための秘伝の心得を、ここでこっそり教えましょう。

其の1 本当に理解する＝他人にわかりやすく教えることができる、と心得よ。「復習問題」のパートは、自分が先生になって他人に教えるつもりで答えてみよ。

其の2 本当に理解する＝初めて見るような問題も解ける、と心得よ。「発展問題と現実への応用」のパートでこの技を磨け。

其の3 本当に理解する唯一絶対の方法は、解答を**ていねいに手で書いてみる**ことに尽きる、と心得よ。解答を読み飛ばすのではなく、いますぐ紙とエンピツを用意せよ！

1 消費者行動の理論

📖 本章で学ぶこととキーワード

キーワードの意味がわかっているかどうか、□にチェックマークを入れてみよう！

第1章 消費者行動の理論

1.1 合理的行動：選好と効用関数

経済分析の基本となる「合理的行動」とは何かをきちんと定義することから始めよう。「これが、あれより好き」という順番を、選択対象にきちんとつけられて、最も好ましいものを選ぶことが「合理的行動」の意味である。また、何がより好ましいかを見やすく表すために、より好ましいものにより大きな数字を割り当てたものを効用関数と言う。

> □ 選好 □ 無差別 □ 推移性 □ 完備性 □ 合理的行動
> □ 選好を表現する効用関数 □ 基数的効用と序数的効用

1.2 消費者の選好と無差別曲線

消費者の好みを調べるには、「同じ効用を与えるさまざまな消費計画」を見るとよい。これを無差別曲線と言う。水とパンの無差別曲線の傾きは（水が横軸、パンが縦軸）、パンで測った水の価値を表している。これを限界代替率と言う。

> □ 無差別曲線 □ 完全代替財 □ 完全補完財 □ 限界代替率
> □ 限界代替率逓減の法則 □ 凸集合

1.3 最適消費：図解による分析

一定の予算で買えるものは予算線という直線で表される。予算線と無差別

曲線が接するところが最適消費点である。

- [ ] 予算制約式　☐ 予算線　☐ 予算線の傾きと価格比

1.4 **補論**：モデルと現実の関係・ミクロ経済学の考え方

「無差別曲線と予算線が接するところで最適消費が決まる」ということだけから意外な政策評価ができることを学び、モデルを使った分析をする意味を理解しよう。

1.5 **限界分析入門**

「なるべく良いものを安く買いたい」という消費者の思惑をわかりやすい形でとらえたものが、消費者行動の数学モデルである。このモデルを使う際には、「さまざまな財の消費量を微調整して、より良い方向に動いてゆく」ことを理解することがカギになる。「微調整する」とは、数学の言葉で言うと微分することであり、経済学では微調整（微分）のことを「限界××」という言葉で言い表す。これを使って最適な行動を調べる方法を身につけよう。

- [ ] 限界効用　☐ 限界代替率の数学的な定義
- [ ] 限界代替率と限界効用の関係
- [ ] 最適消費の条件：限界代替率と価格比の関係
- [ ] 最適消費の条件：（1円あたりの）限界効用均等の法則
- [ ] 所得の限界効用　☐ ラグランジュの未定乗数法

1.6 **最適消費の性質**

所得や価格が変化したとき、最適消費点はどう変化するかを理解する。

- [ ] 正常財＝上級財　☐ 下級財　☐ 需要法則　☐ ギッフェン財

1.7 **代替と補完の程度を測る分析道具**：補償需要関数

代替と補完の程度は、無差別曲線の曲がり方で決まる。「補償需要関数」はその曲がり方を測るもので、これによって代替財と補完財を定義する。

- [ ] 補償需要関数　☐ 自己代替効果は非正
- [ ] 補完財と代替財の厳密な定義

1.8 **支出関数**

「値上げによるダメージ」「値下げによる得」を金額で表示する分析道具が支出関数である。

- [ ] 支出関数
- [ ] シェファードの補題（支出関数を価格で微分すると補償需要になる）

1.9 所得効果と代替効果

価格が上がったときの需要の変化を、「同じ満足をもっと安く達成する別のやり方に乗り換える」という代替効果と、「価格が上がって貧乏になる」ことによる所得効果に分解する。

- [ ] 消費の二面性（双対性）
- [ ] 価格上昇による所得の実質的な目減り（$\fallingdotseq x_i \varDelta p_i$）
- [ ] スルツキー分解　[ ] 所得効果　[ ] 代替効果

1.10 価格弾力性

価格や数量の単位の取り方に影響されない「需要の価格感応度」の測り方が、需要の価格弾力性である。

- [ ] 需要の価格弾力性の定義　[ ] 弾力性と売り上げの関係
- [ ] スルツキー分解による弾力性の決定要因の理解

復習問題：基本中の基本を身につけよう！　A

A1 事実解明的（positive）な問いと規範的（normative）な問いとは何かを説明せよ。

A2 選好と効用：$x=$ キリンビール一杯、$y=$ サッポロビール一杯、$z=$ ウーロン茶一杯に対するAさんの好み（選好）を記号 $>, \sim, \gtrsim$ で表すとき、次の問いに答えなさい。

(1) $z > x$、$x \sim y$、$z \gtrsim y$ の意味を、それぞれ答えなさい。
(2) Aさんの選好 $\gtrsim$ を表現する効用関数とは何かを説明せよ。
(3) Aさんが合理的に行動するとはどういうことかを説明せよ。ただし、完備性と推移性という言葉を使い、それぞれの意味も説明すること。

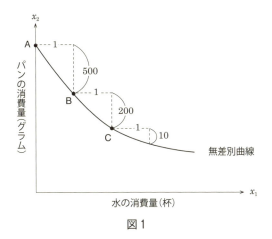

図 1

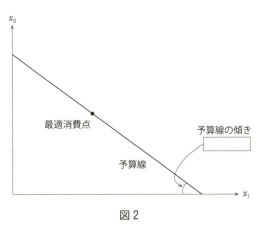

図 2

A3 無差別曲線：

(1) 水とパンの無差別曲線とは何かを説明せよ。

(2) ある人の無差別曲線が図 1 のようになっていたとする。次の各問に答えよ。

ア) 次の文章の ☐ を埋めよ。

　水のパンに対する**限界代替率**の直感的な定義は、パンで測った水 1 単位（一杯）の価値であり、より正確に言うと「水一杯を飲むことによる満足の増加を、 ☐ 」を表すものである。

イ) ア) で定義された水のパンに対する限界代替率を、図の A, B, C の各

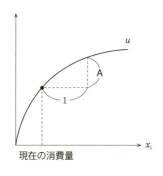
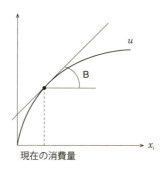

図3

点で求めよ。
ウ) イ) の答えを使って、**限界代替率逓減の法則**とは何かを説明せよ。

A4 最適消費の図解：第1財と第2財の価格を p_1, p_2、消費量を x_1, x_2、所得を I で表す。

(1) **予算制約式を書け**。図2の ▢ を埋めよ（**予算線の傾きを求めよ**）。
(2) **最適消費点における無差別曲線と予算線の関係**がどのようになるかを、図2に無差別曲線を描きこんで説明しなさい。（無差別曲線は原点に向かって凸の形をしていると考えて答えよ。）
(3) 問(1)(2)の答えを参考にして、最適消費点での**無差別曲線の（接線の）傾きと価格 p_1, p_2 の関係**を述べよ。

A5 限界効用：
(1) 次の図3は、第 i 財（コーヒー）の消費量と効用の関係を表したものである。以下の文章の ▢ を埋めよ。
　現在の消費点におけるコーヒーの**限界効用**の直感的定義は、コーヒー1単位（一杯）を（追加して）飲んだときの ア) ▢ であり、図3の イ) ▢ がこれにあたる。また、コーヒーの限界効用の数学的な定義は、コーヒーの消費量を横軸に、効用を縦軸にとったときのグラフの ウ) ▢ であり、図3の エ) ▢ がこれにあたる。
(2) 限界効用の数学的定義を問(1)では図を使って説明したが、これを数式で述べると次のようになる。第 i 財の限界効用とは、**効用 u を（他の財の消費量は止めて）第 i 財の消費量 x_i だけで微分したものである**。これは、

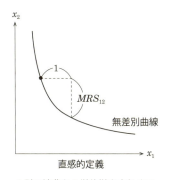 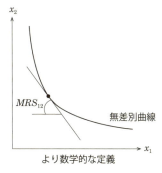

直感的定義 / より数学的な定義

1財の消費を1単位増やすために支払ってもよい2財の量 / 無差別曲線の接線の傾きの大きさ ＊プラスの値（絶対値）にしておく

図4　1財の2財に対する限界代替率 MRS_{12} の定義

「i 財の消費がわずかに増えると、効用がどれくらい上がるか」を示すものである。これを u の x_i による偏微分と言い

$$\frac{\partial u}{\partial x_i}$$

で表す。効用が $u(x_1, x_2) = 5x_1^3 x_2^2$ で与えられているとき、第2財の限界効用 $\dfrac{\partial u}{\partial x_2}$ を計算するには、

$$u(x_1, x_2) = \boxed{5x_1^3}\, x_2^2$$

四角で囲った部分を定数だと思って残りの部分を x_2 で微分すればよい。第2財の限界効用を計算せよ。

A6 **限界代替率と限界効用の関係**：微分を使った限界効用の定義が便利なのは、たくさんの財を同時に微調整したときの効用の変化を調べることができるからである。特に、限界代替率を計算するのに役に立つので、これを復習しよう。図4の左は、**A3** でみた限界代替率の直感的な定義であるが、より数学的な限界代替率の定義は図4の右の通りである。

(1) 第1財の第2財に対する**限界代替率 MRS_{12} の数学的な定義**は、無差別曲線の接線の傾きの大きさであり、次のように計算される。

$$\text{限界代替率 } MRS_{12} = -\left.\frac{dx_2}{dx_1}\right|_{u=-\text{定}} = \frac{\text{第1財の限界効用}}{\text{第2財の限界効用}} \qquad (1)$$

しっかり理解しましょう！

$\left.\frac{dx_2}{dx_1}\right|_{u=-\text{定}}$ が無差別曲線の接線の傾きであるが、無差別曲線は右下がりなのでこれはマイナスの値をとる。これをプラスの値に直すために前に「－」をつけることに注意しよう。

　上の公式(1)を理解するために、以下の文章の □ を埋めよ。第 i 財の微小な変化を dx_i、効用の微小な変化を du とすると、

$$du = \boxed{\text{ア)}} dx_1 + \boxed{\text{イ)}} dx_2$$

無差別曲線上では効用が一定なので、無差別曲線に沿った動きをするとき上の式の du はゼロになる。この式を解くと $\boxed{\text{ウ)}}$ となり式(1)が導かれる。

(2) 効用が $u(x_1, x_2) = 5x_1^3 x_2^2$ で与えられているとき、消費点 $(x_1, x_2) = (3, 2)$ における第1財の第2財に対する限界代替率を計算せよ。

A7 効用最大化から最適消費を導く：二つの財 $i = 1, 2$ の消費量を x_i として、効用関数が

$$u(x_1, x_2) = x_1^a x_2^{1-a}$$

の消費者を考える。ただし、a は $0 < a < 1$ を満たす定数である。

　第 i 財の価格を p_i、所得を I として、各財の最適な消費量を、問(1)、問(2)の二つのやり方で求めよ（どちらでやっても答えが出ます）。

(1)

$$\frac{\text{第1財の限界効用}}{p_1} = \frac{\text{第2財の限界効用}}{p_2}$$

最適消費を求める条件その1
（1円あたりの）限界効用均等の法則

が最適消費点で成り立つ理由を直感的にわかりやすく説明し、次に上の

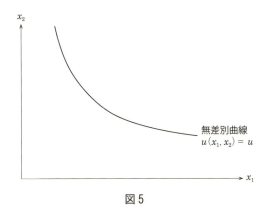

図 5

式と予算制約式 $p_1x_1 + p_2x_2 = I$ を使って**最適消費量**(つまり、$x_1 =$(価格と所得だけの式), $x_2 =$(価格と所得だけの式))を求める。

(2)

$$\frac{p_1}{p_2} = \frac{\text{第 1 財の限界効用}}{\text{第 2 財の限界効用}}$$

最適消費を求める条件その 2
予算線と無差別曲線が接する

が最適消費点で成立する理由を説明し、次に上の式と予算制約式 $p_1x_1 + p_2x_2 = I$ から**最適消費量**を求める。

A8 上級財(正常財)、下級財、ギッフェン財とは何かを説明せよ。

A9 所得効果と代替効果の図解:第 1 財をスターバックスのコーヒー、第 2 財をインスタントコーヒーとし、この 2 財のみを消費する消費者を考えよう。
(1) 次の文章の ☐ を埋めよ。

財の補完・代替は、**補償需要関数** $\bar{x}(p, u)$ を使って定義される。補償需要関数とは、価格体系 $p = (p_1, p_2)$ の下で ア)☐ を達成する イ)☐ な消費計画 $\bar{x} = (\bar{x}_1, \bar{x}_2)$ のことである。

(2) 無差別曲線が図 5 のようになっているとき、スターバックスコーヒーの値上げ前 $p = (350, 50)$ と値上げ後 $p' = (400, 50)$ の補償需要 $\bar{x}(p, u)$ がど

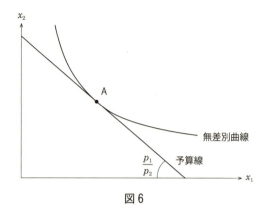

図6

低所得	中所得	高所得
0.234	0.209	0.186

出所）村越千春ほか（1996）「東京都における家庭用都市ガスの価格弾性値の分析」『第12回エネルギーシステム・経済・環境コンファレンス講演論文集』

表1

のように決まるかを図示せよ。

(3) スターバックスが値上げをすると、スターバックスコーヒーの補償需要は減少することを問(2)で描いた図で確認せよ。

(4) **代替財**の定義を（補償需要関数を使って）述べよ。問(2)の図で、インスタントコーヒーはスターバックスコーヒーの代替財かどうかを判定せよ。

(5) ある時点での最適消費点が、図6のA点のようになっていたとする。いま、価格は変わらないが所得が減少したとき、予算線はどのように変化するかを図示せよ。

(6) 以下では、スターバックスコーヒーは上級財、インスタントコーヒーは下級財であるとする。所得が減少した後の最適消費点は、A点と比べてどう変化するかを図示せよ。

(7) スターバックスコーヒーの値上げ前 $p = (350, 50)$ と値上げ後 $p' = (400, 50)$ の最適消費計画の変化を、**代替効果**と**所得効果**に分解して図示せよ。

A10 価格弾力性：1973年から1993年の東京都のデータを用いて、都市ガス需

	Aさん	B君
第1希望	経済学部、教育学部	農学部
第2希望	(第一希望が二つあるため、空欄)	経済学部
第3希望	農学部	教育学部

表2

要の価格弾力性を計測したところ、表1のような結果を得た。

(1) 価格弾力性の定義を述べよ。都市ガスの価格が1％上昇すると、中所得者の都市ガス需要は（ほぼ）何％減るか？

(2) 都市ガスの価格が（わずかに）上昇すると、低所得者の都市ガスへの支出額はどうなるか？
- 必ず下がる
- 必ず上がる
- 場合によって、上がることもあれば、下がることもある

のうち、どれが正しいかを、理由を付して述べよ。

発展問題と現実への応用　　　B

B1 **A7** における最適消費を、ラグランジュの未定乗数法で求めなさい。

B2 選好関係（$>, \sim, \gtrsim$）や効用関数が実際に計測され、現実の世界で使われている例があるかどうかを見てみよう。いま、東京大学の学生の進学振り分けの問題を考えてみよう。簡単化のため、文科系に入学した学生の、3年生からの進学先（の集合）が

$$X = \{経済学部、教育学部、農学部\}$$

であるとする。

(1) 進学先の希望調査をしたところ、表2のような結果を得たとしよう。

ア）表2から読み取れるAさんの選好を、$>$ と $\sim$ を使って表せ。

イ）このようにして学生の志望先を聞く場合、各人の選好は完備性と推移性を満たしていると考えてよいか？ ていねいに理由を付して説明せよ。

ウ）進学先 x がAさんにとって第 n 希望であるとき、

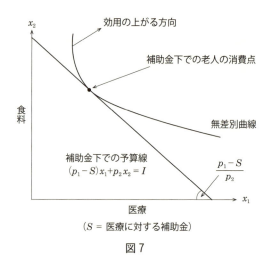

図 7

$$u(x) = -n$$

はAさんの選好を表現する効用関数であることを説明せよ。これに従って、Aさんの効用関数を書け（$u(経済学部) = \cdots$ というように書くこと）。

> **コメント** このように、「希望調査票」という形で、選好が計測され、これを見やすくするために付けられた「第1希望」「第2希望」… というラベルに出てくる 1, 2, … という数字（にマイナスを付けたもの）は、効用関数にほかなりません。

(2) ある人の好みを表す効用関数は一つではなくたくさんある。Aさんの好みを表す効用関数をもう一つ書け。

(3) 「ある人の好みを表す効用関数は一つではなくたくさんあるが、**どれを使っても効用最大化の結果は変わらない**」ということを、Aさんが進学できる学部が経済学部か農学部のどちらかであるケースについて、問(1)ウ）と問(2)で求めた効用関数を使って説明しなさい。

B3 ミクロ経済学のモデルを使った政策分析が信頼できるかどうかをチェックしてみよう。教科書（『ミクロ経済学の力』）1.4節では、図7のような

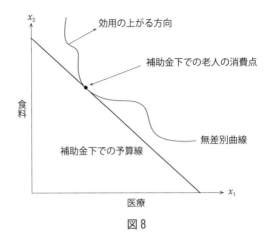

図8

「きれいな形をした」無差別曲線を使って、老人医療費補助の問題点を明らかにした。(医療補助金をやめて、補助金として出していた金額の分だけ年金を増額すると、国民の税負担を変えることなく老人の満足を上げることができる。)しかし、現実の人間の無差別曲線はもっとぐちゃぐちゃかもしれない(たとえば図8)。

(1) 経済学に対する批判として「非現実的な仮定をするのは良くない」、「そのような仮定が崩れると、結果はガラッと変わるので信用できない」というものがある。非現実的な仮定(図7のような、きれいな形の無差別曲線)が崩れて図8のようになったとき、「医療補助金をやめて、同額の年金増額をしたほうが、老人のためになる」という結論が変わるかどうかを、年金増額がなされたとき消費点がどこに変わるかを図示して答えなさい。

(2) 無差別曲線が図8より**もっと変な形**をしているとき、**全く反対の結論**である、

　　医療補助金をやめて、同額の年金増額をすると、老人は損をする

ということがあるだろうか? あるとすれば、例を一つ挙げ、絶対にないとすれば、なぜそうなるのかを論証せよ。

B4 支出関数：

(1) 次の文章の ☐ を埋めよ。

支出関数 $I(p, u)$ とは、価格体系 $p = (p_1, \ldots, p_N)$ の下で効用水準 u を ☐ を表すものである。

(2) n 財に対する補償需要 $\bar{x}_n(p, u)$ と支出関数の関係を示すシェファードの補題とは何かを答えよ。

B5 消費の二面性（双対性）：現在の消費点を $x = (x_1, x_2)$、現在の価格体系を $p = (p_1, p_2)$、現在の所得を I、現在の効用水準を u とする。

$$x_n(p, I) \underset{\text{現在の価格と所得の下で}\atop\text{最も望ましい消費量}}{=} \overbrace{\underset{\text{現在の消費量}}{x_n} \underset{\text{現在の価格の下で現在の効用を}\atop\text{最も安上がりに達成する消費量}}{= \bar{x}_n(p, u)}}^{③} \quad ①$$

$$\underset{\text{現在の所得}}{I} = \underset{\text{現在の価格の下で現在の効用を}\atop\text{達成するのに最低必要な金額}}{I(p, u)} \quad ②$$

であることを、図を使って説明せよ。

B6 スルツキー分解式：

(1) **B5** の①②式より

$$x_n(p, I(p, u)) = \bar{x}_n(p, u)$$

である。この両辺を p_m で微分すると（x と p の右下の添え字 n と m に注意。$m = n$ でも $m \neq n$ でもどちらでもよい）、

$$\frac{\partial x_n}{\partial p_m} + \frac{\partial x_n}{\partial I} \boxed{} = \frac{\partial \bar{x}_n}{\partial p_m}$$

となる。☐ を埋めよ。

(2) 問(1)の結果にシェファードの補題（**B4**(2)）を用い、さらに **B5** の③式を使うことで、スルツキー分解式

$$\frac{\partial x_n}{\partial p_m} = \underset{\text{代替効果}}{\boxed{\text{ア)}}} - \underset{\text{所得効果}}{\boxed{\text{イ)}}}$$

が得られる。ア)、イ) を埋めよ。

B7 **代替財・補完財の定義**は、「一定の効用を最小の費用で達成する消費計画」である補償需要関数 $\bar{x}_i(p, u)$ を用いて、

$$\frac{\partial \bar{x}_i}{\partial p_j} > 0 \text{ なら、財 } i \text{ と財 } j \text{ は代替財}$$

$$\frac{\partial \bar{x}_i}{\partial p_j} < 0 \text{ なら、財 } i \text{ と財 } j \text{ は補完財}$$

である。しかし、よく考えると、

$$\frac{\partial \bar{x}_i}{\partial p_j} > 0 \text{ なのに } \frac{\partial \bar{x}_j}{\partial p_i} < 0 \tag{2}$$

ということが起こって（上の式の分母と分子の i と j の位置をよく見てください）、定義がうまくいかないことはないだろうか？（(2)式の左の式によると、i と j は代替財、右の式によると i と j は補完財になってしまう。）実は、補償需要関数には

$$\frac{\partial \bar{x}_i}{\partial p_j} = \frac{\partial \bar{x}_j}{\partial p_i} \tag{3}$$

という性質（これを、**代替効果の対称性**と言う）があるので、(2)式のような問題は起こらず、代替財と補完財は矛盾なく定義できるのだが、この(3)式の性質を証明せよ。

〔ヒント：つぎの二つの事実を使ってみましょう：
- 支出関数と補償需要関数の関係（シェファードの補題）
- 微積分学のよく知られた命題：ある関数 $f(x, y)$ が微分できるなら、どういう順番で微分しても結果は同じである。つまり、まず x で微分してから次に y で微分した結果 $\frac{\partial}{\partial y}\left(\frac{\partial f}{\partial x}\right)$ と、まず y で微分してから次に x で微分した結果 $\frac{\partial}{\partial x}\left(\frac{\partial f}{\partial y}\right)$ は同じになる。($f = x^2 y^3$ で確かめてみましょう。)〕

B8 **安物の値段が下がっても高級品の需要はそれほど落ちないが、高級品の値段が下がると安物の需要はかなり落ち込むのはなぜか？**：マーケティング学者がシカゴのスーパーマーケットで小麦粉、マーガリン、ティッシュペーパー、ツナの缶詰の売り上げを調査したところ、上の太字の部分のようなこ

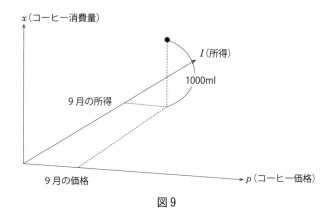

図9

とが起こっていることが見出された[1]。直感的にも、安物ティッシュペーパーがさらに安くなっても高級ティッシュペーパーの売り上げは落ちないが、高級ティッシュペーパーが安くなると安物はガクッと売れなくなるように思われる。

これを、効用最大化の結果として説明できないだろうか？ 安物（第1財）と高級品（第2財）の価格がわずかに変化したときの需要の変化 $\partial x_n / \partial p_m$ を、（数式を使った）スルツキー分解式に従って考えてみよう。

(1) まず議論の出発点として、**所得効果が仮にゼロである**とした場合は、前述のようなことは起こらず、安物と高級品の価格変化の影響は**全く対称的**になる

$$\frac{\partial x_2}{\partial p_1} = \frac{\partial x_1}{\partial p_2}$$

　安物が値下がりしたとき　　　　高級品が値下がりしたとき
　高級品の需要がどれだけ　　　　安物の需要がどれだけ落ちるか
　落ちるか

ことを示せ。

(2) 次に、所得効果を含めて考えると、どうなるだろうか？

B9 データを見れば効用最大化しているかどうかがわかるか？：A君は9月

---

1 Blattberg, R., K. Wisniewski and A. Nielsen (1989) "Price-Induced Patterns of Competition," *Marketing Science*, 8(4), pp.291-309.

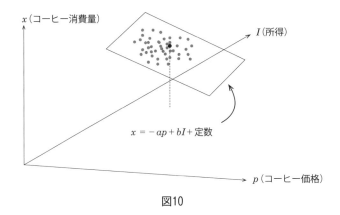
図10

に1000mlのコーヒーを飲んだ。その月のA君の所得とコーヒーの値段を調べてグラフにすると、図9のようになっていた。

コーヒーの値段や所得が変化したときのデータをいろいろ取ってみると、9月のデータの周りにたくさんの点が見つかって、それらは図10のように、ほぼぴったりある平面（$x = -ap + bI +$ 定数）の上にのっていることがわかった（このデータを取った期間では、他の財の価格は変化しませんでした）。

データからこの平面を表す係数 a と b を推定してみると、$a = 400$, $b = 0.62$ であった[2]。さて、A君のコーヒー消費が効用最大化から出ているかどうかを、以上のことからテストできるかどうか、考えてみよう。
〔ヒント：スルツキー分解式を使うとわかりますよ。〕

B10 電力値上げとスルツキー分解：大震災で発電所が破壊され電力が不足したため、東京電力は電気料金を20円/kWhから30円kWhに値上げしたとしよう。値上げ前と値上げ後の松島さんの電力消費量は図11のようになっていた。
(1) 電気は松島さんにとって正常財（上級財）であるとする。このことの意味を説明せよ。

---

2 この推定値はまあまあ現実的です。推定値によると、コーヒー一杯200mlが100円値上がりすると、1mlあたりコーヒーの値上げは0.5円なので、消費が $a \times 0.5 = 200$ ml（一杯）減ります。また、アルバイトで収入が500円増えると、コーヒーを飲む量は $b \times 0.5 = 500 = 310$ ml（大カップ一杯）だけ増えることになります。

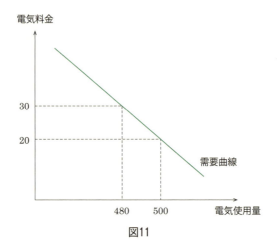

図11

(2) スルツキー分解式を用いて、電気が正常財である場合には、需要曲線と補償需要曲線のどちらの傾きがより急になるかを説明せよ（「自己代替効果はゼロかマイナス」であるという法則があるが、マイナスであるケースを考えよ）。このことを使って、電気が正常財である場合に、値上げ前の消費点 A を通る補償需要曲線の概形を図11に描き加えよ。

(3) 問(2)の図を使い、値上げによる消費量の変化を、所得効果と代替効果に分解せよ。また、それぞれの効果の直観的な意味を説明せよ。

B11 損害賠償の金額を、需要曲線から推定する（**B10** の続き）：震災後、「東京電力の耐震設計が甘かったから値上げせざるを得なかったのだ。これは東京電力・政府の責任だから、値上げによる損害を補償してほしい」と松島さんが訴えたとしよう。

(1) 支出関数 $I(p_1, ..., p_N, u)$ とは何かを述べよ。

(2) 必要な補償金の金額＝「値上げ前の松島さんの効用 u を、値上げ後も維持するために必要な金額」である。電気を第1財とし、その他の財の価格 $p_2, ..., p_N$ は変わらないとすると、必要な補償金額は、I を松島さんの支出関数として、

$$Y = I(30, p_2, ..., p_N, u) - I(20, p_2, ..., p_N, u) \qquad (*)$$

に等しいことを説明せよ。

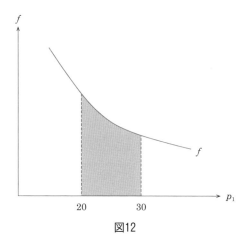

図12

(3) 補償金額(*)を、松島さんの需要曲線から推定してみよう。$I(p_1, ..., p_N, u)$ を電力料金 p_1 だけの関数と見たものを $F(p_1)$ と書くと、補償金額は $Y = F(30) - F(20)$ である。F の微分を $f(=F')$ とすると、高校で習った公式により補償金は

$$Y = F(30) - F(20) = \int_{20}^{30} f(p_1) dp_1$$

で、これは図12の灰色の領域の大きさを表すことを思い出そう。ここで、$f=$「支出関数を電力料金で微分したもの」なので、これはシェファードの補題より電力の補償需要 $\bar{x}_1$ に等しい。数式で書くと

$$f = \frac{\partial I}{\partial p_1} = \bar{x}_1(p_1, ..., p_N, u)$$

である。縦軸に電力料金、横軸に電力需要量を取って補償需要曲線の図を描き、図の中で値上げのダメージを保証する金額 Y がどのような領域で表されるかを説明せよ。

(4) **B10** (2)の需要曲線の図を使って、**松島さんに支払うべき補償金は4800円以上5000円以下と推定できる**ことを説明せよ。

(5) 「値上げ前の消費量×値上げ幅」の補償金をもらえば、値上げ前以上の効用が必ず得られることを、直観的にわかりやすく説明せよ。

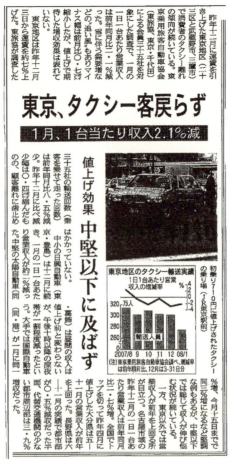

出所)『日本経済新聞』2008年2月22日付.

図13

B12 **タクシー需要の価格弾力性**：図13にある新聞記事から、タクシー需要の価格弾力性について何がわかるかを論ぜよ。また、この記事にある数字から、価格弾力性がほほどのくらいになっているか計算できるかどうか考えてみよ。

B13 **豊作貧乏**：図14は、トラクターを使ってせっかく育てたキャベツをつぶしている様子である。

2006年にはキャベツ、大根、白菜、玉ねぎ、レタスなどが大豊作で、図14

出所）『岩手日報』2005年8月26日付。

図14

のようにして廃棄された野菜の量は全体で約2万2000トンに上った[3]。これを、「緊急需給調整」「産地廃棄」と言う。この例からすると、野菜の価格弾力性はどのような値を取っていると思われるかを、理由を付して答えよ。

B14 頭の体操　3つの財の間の補完性：AとBが補完財で、BとCが補完財なら、AとCは補完財と言えるか？（補完財の数式による定義を考えるのではなく、直観的に正しいかどうかを、具体例を通じて考えてみよ。）

解答

復習問題

A1　事実解明的な問いとは、「何が起こるか」という**事実関係**に関する問い。規範的な問いとは、現実に起こっていることや政策が「良いか悪いか」という**価値判断**に関する問い。

A2　(1) ウーロン茶はキリンビールより好ましい、キリンビールとサッポロビールは同じくらい良い（無差別である）、ウーロン茶はサッポロビールに比べて同等以上に好ましい（つまり、「より好ましい」か「無差別である」かのどちらかである）。

3　「豊作」『フリー百科事典　ウィキペディア日本語版』を参考にした。

(2) 任意の選択対象 x, x' について、

$$x \succsim x' のとき、またそのときにのみ u(x) \geq u(x')$$

となる関数 u のことである。

(3) 選好 $\succsim$ が**完備性**を満たすとは、

どんな選択対象 x, x' についても、$x \succsim x'$ と $x' \succsim x$ の少なくとも一方が成り立つ

ことである。つまり、どんな選択対象もきちんと比較できる（「どちらが良い」「どちらも同じくらい良い」という判断ができる）ということである。選好が**推移性**を満たすとは、

$$x \succsim x' \quad かつ \quad x' \succsim x'' \quad なら \quad x \succsim x''$$

が成り立つことである。選好が完備性と推移性を満たすということは、選択対象の数が有限個ならば、それらを一番良いものから一番悪いものまで同点（無差別）を許して1列に並べられるということである。

また、合理的行動とは、

完備性と推移性を満たす選好に照らして、最も望ましいものを選ぶこと（あるいは、そのような選好を表現する効用を最大化すること）

である。

A3 (1) 同じ効用を与えるさまざまな（水の消費量、パンの消費量）を集めたもの（集合）。

(2) ア) ちょうど打ち消すにはパンの消費量をどれだけ減らしたらよいか

イ) A：500、B：200、C：10

ウ) ある財の他の財に対する限界代替率が、その財の消費量が増えるに従って減ること。つまり、その財の消費量が増えるとその財のありがたみ（主観的な価値）が減ること。

A4 (1) $p_1 x_1 + p_2 x_2 = I$、予算線の傾きは $\frac{p_1}{p_2}$

(2) 図15を参照。

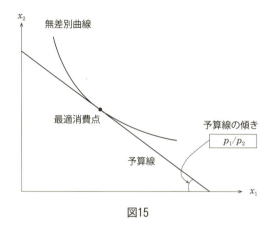

図15

(3) 無差別曲線の（接線の）傾きの大きさ＝価格比 $\frac{p_1}{p_2}$

A5 (1) ア）効用の増加、イ）A、ウ）接線の傾き、エ）B
(2) x_2^2 を x_2 で微分すると $2x_2$ なので、第2財の限界効用は $\frac{\partial u}{\partial x_2} = 10x_1^3 x_2$

A6 (1) ア）$\frac{\partial u}{\partial x_1}$、イ）$\frac{\partial u}{\partial x_2}$、ウ）$-\frac{dx_2}{dx_1}\Big|_{u=一定} = \frac{\partial u}{\partial x_1} / \frac{\partial u}{\partial x_2}$
(2) $\frac{\partial u}{\partial x_1} = 15x_1^2 x_2^2, \frac{\partial u}{\partial x_2} = 10x_1^3 x_2$ なので、限界代替率 $= \frac{\partial u}{\partial x_1} / \frac{\partial u}{\partial x_2} = \frac{3x_2}{2x_1} = 1$

A7 (1) 第 i 財の消費をわずかに増やしたり減らしたりすると、効用は（ほぼ）

$$i 財の限界効用 \times i 財の消費量の変化$$

だけ増えたり減ったりする。1円で買える i 財の量は $\frac{1}{p_i}$ なので、1円分 i 財への支出を増減させると、効用は（ほぼ）$[i 財の限界効用 \times \frac{1}{p_i}]$ だけ増減する。したがって、もし

$$\frac{第1財の限界効用}{p_1} > \frac{第2財の限界効用}{p_2}$$

なら、2財への支出を1円減らして、これを使って1財の支出を1円増やせば効用が上がる。逆の場合も同様である。よって、最適点では両者は等しくなくてはならない。

この条件を計算すると

$$\frac{ax_1^{a-1}x_2^{1-a}}{p_1} = \frac{(1-a)x_1^a x_2^{-a}}{p_2}$$

となり、これを整理すると

$$p_2 x_2 = \frac{(1-a)}{a} p_1 x_1 \tag{4}$$

これを予算制約式 $p_1 x_1 + p_2 x_2 = I$ に代入して $p_1 x_1 + \frac{(1-a)}{a} p_1 x_1 = \frac{a+(1-a)}{a} p_1 x_1 = \frac{1}{a} p_1 x_1 = I$、よって

$$x_1 = \frac{aI}{p_1}$$

また、これを(4)式に代入して整理すれば $x_2 = \frac{(1-a)I}{p_2}$ となる。

コメント このような効用関数を持つ人は、所得のうち a の割合を第 1 財に支出し（$p_1 x_1 = aI$）、残りの $(1-a)$ の割合を第 2 財に支出する（$p_2 x_2 = (1-a)I$）ことに注意しよう。$u(x) = x_1^a x_2^{1-a}$ を**コブ・ダグラス型の効用関数**と呼ぶ。

---

(2) $\frac{p_1}{p_2}$ は予算線の傾き、限界効用の比は無差別曲線の接線の傾きの大きさなのだから（**A6** 参照）、両者が等しいということは、予算線が無差別曲線に接しているという最適消費の条件が成り立つことを示している。条件式の計算を実行すると、条件式は次のようになる。

$$\frac{p_1}{p_2} = \frac{ax_1^{a-1}x_2^{1-a}}{(1-a)x_1^a x_2^{-a}} = \frac{ax_2}{(1-a)x_1}$$

後の計算は問(1)と同じである。

A8 所得が上がったときに需要が増えるのが上級財＝正常財、減るのが下級財である。価格が上がったときに、かえって需要が増えるのがギッフェン財である。

A9 (1) ア）一定の効用 u、イ）最も安上がり
(2) 図16を参照。
(3) 図16の矢印の通り。
(4) 財 n の価格が上がると財 m の補償需要が上がる（$\frac{\partial \bar{x}_m}{\partial p_n} > 0$）なら、財 n

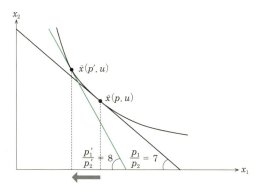

図16 価格が $p = (350, 50)$, $p' = (400, 50)$ のときの補償需要

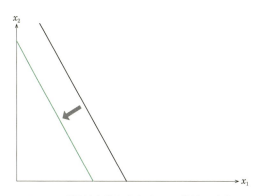

図17 所得が変化したときの予算線の変化

と財 m は代替財である。図16より、インスタントコーヒーはスターバックスコーヒーの代替財である。
(5) 図17を参照。予算線は平行移動する。
(6) 図18を参照。下級財（第2財）の消費は上がる。
(7) 図16（代替効果）と図18（所得効果）を組み合わせればよい（図19を参照）。

A10 (1) 第 i 財の価格を p_i、需要量を x_i とすると、第 i 財の価格弾力性は $-\dfrac{dx_i}{dp_i}\dfrac{p_i}{x_i}$ である。0.209%減る。
(2) 値段をわずかに上げると支出額が増えるのは、価格弾力性が1より小さいとき、またそのときのみである。低所得者の価格弾力性は1より小さ

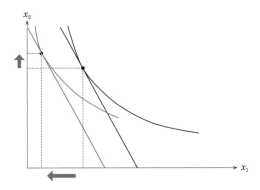

図18　所得が減少したときの最適消費点の変化

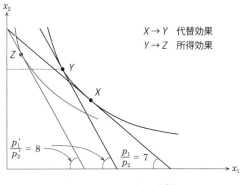

図19　スルツキー分解

いので、「必ず上がる」が答え。

発展問題と現実への応用

B1 最大化すべき関数 $u(x) = x_1^a x_2^{1-a}$ と制約式 $I - p_1 x_1 - p_2 x_2 = 0$ から

$$L = x_1^a x_2^{1-a} + \lambda(I - p_1 x_1 - p_2 x_2)$$

という新たな関数（**ラグランジアン**と呼ばれるもの）を作り、x_1 と x_2 で微分してゼロと置けばよい。ここで λ（ギリシャ文字の「ラムダ」）は、これから行う計算によってその値が決まる定数である（**ラグランジュの未定乗数**と言う）。微分を実行すると、

$$\begin{cases} \dfrac{\partial L}{\partial x_1} = ax_1^{a-1}x_2^{1-a} - \lambda p_1 = 0 \\ \dfrac{\partial L}{\partial x_2} = (1-a)x_1^a x_2^{-a} - \lambda p_2 = 0 \end{cases}$$

となる。これらと制約式 $p_1 x_1 + p_2 x_2 = I$ の3本の式を連立して解けば、3つの未知数 x_1, x_2, λ が決まるのである。上の式を

$$\begin{cases} ax_1^{a-1}x_2^{1-a} = \lambda p_1 \\ (1-a)x_1^a x_2^{-a} = \lambda p_2 \end{cases}$$

と変形して両辺を割れば、**A7**(2)の答えと同じ式が出る（後の計算は同じである）。

B2 (1) ア) 経済学部〜教育学部、経済学部＞農学部、教育学部＞農学部

イ) すべての進学先に順番をつけるのだから、完備性が満たされる（どの二つの進学先も比較できる）。また、進学先を（同点を許して）一列に並べており、上に来るものほど望ましいので、推移性も満たされる（AがB以上にランクされ、BがC以上にランクされているなら、当然AはC以上にランクされている）。

ウ) 第 n の「n」が小さいほど（つまり $-n$ が大きいほど）望ましいので、これは望ましいものにより大きな数を割り当てた効用関数になっている。Aさんの効用関数は

$$u(経済学部) = u(教育学部) = -1, \quad u(農学部) = -3$$

である。

(2)「より望ましいものにより大きな数をあてはめたもの」は、何でもAさんの好みを表す効用関数になるので、たとえば

$$u(経済学部) = u(教育学部) = 1, \quad u(農学部) = 0$$

もAさんの効用関数である。

(3) Aさんが経済学部か農学部かを選択するとき、問(1)ウ)での効用関数を使っても、問(2)での効用関数を使っても、効用最大化の結果は、「よりAさんが好む経済学部」となる。

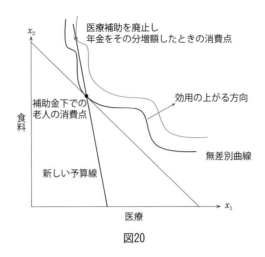

図20

B3 (1) 図20のように、年金増額をしたほうが老人の効用が上がる、という結論は変わらない。

(2) 医療補助金が廃止され年金が増額された後でも、老人はやろうと思えば医療補助金があったときと同じ消費ができる（新しい予算線も古い予算線も、「補助金下での老人の消費点」を通っている：図20を参照）。したがって、老人は少なくとも医療補助金があるときと同じか、それ以上の満足を必ず得られることになり、損をすることは絶対にない。

B4 (1) 達成するのに必要な最小の金額

(2) 支出関数を、ある財の価格で微分すると、その財の補償需要になる。

$$\frac{\partial I(p, u)}{\partial p_n} = \bar{x}_n(p, u)$$

B5 図21の矢印 A を見ると、現在の消費量は「現在の価格と所得の下で最も望ましいもの」であることがわかる。

矢印 B を見ると、現在の消費量は「現在の価格の下で現在の効用を最も安上がりに達成するもの」であり、さらに「現在の所得 I」はそのときの支出額、すなわち「現在の価格の下で、現在の効用を達成するのに最低限必要な金額」であることがわかる。

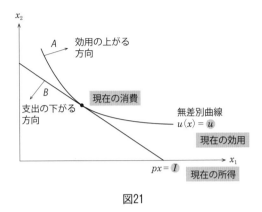

図21

B6 (1) $\dfrac{\partial I}{\partial p_m}$

(2) ア) $\dfrac{\partial \bar{x}_n}{\partial p_m}$ 、イ) $\dfrac{\partial x_n}{\partial I} x_m$

B7 「支出関数を価格で微分すると、補償需要になる」というシェファードの補題を思い出そう（$\dfrac{\partial E}{\partial p_i} = \bar{x}_i$）。これを使うと、代替効果の対称性

$$\dfrac{\partial \bar{x}_i}{\partial p_j} = \dfrac{\partial \bar{x}_j}{\partial p_i}$$

は、支出関数 E をどういう順番で微分しても結果は同じ

$$\dfrac{\partial}{\partial p_j}\left(\dfrac{\partial E}{\partial p_i}\right) = \dfrac{\partial}{\partial p_i}\left(\dfrac{\partial E}{\partial p_j}\right)$$

$$\shortparallel \qquad\qquad \shortparallel$$
$$\bar{x}_i \qquad\quad \bar{x}_j \qquad \boxed{\text{シェファードの補題}}$$

であることから成り立つ性質である。

B8 (1) スルツキー分解

$$\dfrac{\partial x_n}{\partial p_m} = \underbrace{\dfrac{\partial \bar{x}_n}{\partial p_m}}_{\text{代替効果}} - \underbrace{\dfrac{\partial x_n}{\partial I} x_m}_{\text{所得効果}}$$

の代替効果の部分には

$$\frac{\partial \bar{x}_2}{\partial p_1} = \frac{\partial \bar{x}_1}{\partial p_2}$$

代替効果の対称性

という性質がある。これは、支出関数 I をどういう順番で微分しても結果は同じ

$$\frac{\partial}{\partial p_1}\left(\frac{\partial I}{\partial p_2}\right) = \frac{\partial}{\partial p_2}\left(\frac{\partial I}{\partial p_1}\right)$$

$$\| \qquad \| $$
$$\bar{x}_2 \qquad \bar{x}_1 \quad \text{シェファードの補題}$$

であることから成り立つ性質である。所得効果がゼロの場合は

$$\underset{\text{価格変化の影響}}{\frac{\partial x_n}{\partial p_m}} = \underset{\text{代替効果}}{\frac{\partial \bar{x}_n}{\partial p_m}}$$

なので、「代替効果の対称性」から、価格変化の影響は対称的 $\frac{\partial x_2}{\partial p_1} = \frac{\partial x_1}{\partial p_2}$ となる。

(2) 所得効果があると、

$$\frac{\partial x_2}{\partial p_1} = \underset{\text{同じ}}{\frac{\partial \bar{x}_2}{\partial p_1}} - \underset{\text{第2財は高級品（上級財）なのでプラス}}{\boxed{\frac{\partial x_2}{\partial I}} x_1}$$

$$\frac{\partial x_1}{\partial p_2} = \underset{\text{安物と高級品は代替財なのでプラス}}{\frac{\partial \bar{x}_1}{\partial p_2}} - \underset{\text{第1財は安物（下級財）なのでマイナス}}{\boxed{\frac{\partial x_1}{\partial I}} x_2}$$

なので、

$$\underset{\substack{\text{安物が値下がりしたとき}\\\text{高級品の需要がどれだけ}\\\text{落ちるか}}}{\frac{\partial x_2}{\partial p_1}} < \underset{\substack{\text{高級品が値下がりしたとき}\\\text{安物の需要がどれだけ落ちるか}}}{\frac{\partial x_1}{\partial p_2}}$$

となり、観察された事実が説明できる。

B9 この消費者が効用最大化しているとすると、スルツキー分解式

が成り立っているはずである。観察されたデータからわかる数値を代入すると

$$-400 = \frac{\partial \overline{x}_n}{\partial p_n} - 0.62 \times 1000 = \frac{\partial \overline{x}_n}{\partial p_n} - 620$$

である。すると、$\frac{\partial \overline{x}_n}{\partial p_n} = 220 > 0$ となって、自己代替効果が非正である（$\frac{\partial \overline{x}_n}{\partial p_n} \leq 0$）という代替効果の基本性質が満たされない。よって、この消費者は効用最大化をしていないことがわかる。

B10 (1) 所得が増えると電気の消費量が上がる。
(2) スルツキー分解式は、n 財を電気とすると、次のように書ける。

$$\underbrace{\frac{\partial \widetilde{x_n}}{\partial p_n}}_{\substack{\text{需要}\\ \text{(a)}}} = \underbrace{\frac{\partial \overline{x}_n}{\partial p_n}}_{\substack{\text{補償需要}\\ \text{代替効果}\\ \text{(b)}}} \underbrace{- \frac{\partial x_n}{\partial I} x_n}_{\substack{\text{所得効果}\\ \text{(c)}}}$$

電気が正常財なら、上の(c)＜0 なので、上式より(a)＜(b)である。自己代替効果(b)がマイナスの場合を考えるので、(a)＜(b)＜0 である。つまり、電力価格が上がると、電力需要も電力の補償需要も下がるが、需要の方が補償需要より電力価格により敏感に反応する。これを図示すると図22のようになる。

(3) 電力値上げによって、図22のように需要が500 → 480と下がるが、このうち500 → a が代替効果、a → 480 が所得効果である。代替効果とは、電力が高くなったので同じ効用を達成する最も安上がりな方法が変化する（電気からたとえばガスに乗り換えが生ずる）効果であり、所得効果とは、電力が値上がりしたために所得が実質的に減少することからくる効果（所得が減ると電気消費が減る）である。

B11 (1) 支出関数 $I(p_1, ..., p_N, u)$ とは、一定の効用 u を価格体系 $(p_1, ..., p_N)$ の下で達成するために最小限必要な所得である。

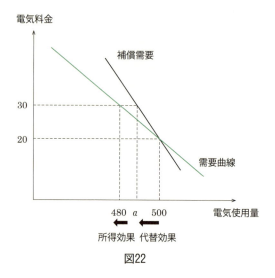

図22

(2) 電力値上げ前の効用 u を、電気料金が値上げ前に20円だったときに達成するための金額が $I(20, p_2, ..., p_N, u)$ であり、これは値上げ前の松島さんの所得に等しいはずである。また、値上げ前の効用 u を、電気料金が30円に上がった後に達成するには $I(30, p_2, ..., p_N, u)$ だけお金が必要なので、両者の差が必要な補償金額となるのである。

(3) 必要な補償額は、問題文の説明から

$$Y = \int_{20}^{30} \overset{補償需要}{\overbrace{x_1}} \, dp_1$$

と書ける。これを、B10 の解答にある図22を使って表すと、図23の灰色の領域になる[4]。

(4) 図23から、灰色の領域の大きさ(必要な補償額)は

$$\underset{値上げ幅}{\underbrace{(30-20)}} \times \underset{値上げ後の消費量}{\underbrace{480}} = 4800円以上、$$

---

[4] 消費者余剰の学習が終わっている人へ:図23から、所得効果がゼロなら(補償需要曲線と需要曲線が一致するので)、必要な補償金額(灰色の領域)は、消費者余剰の変化とぴったり一致することを確認されたい。これが、「所得効果がゼロならば、消費者余剰が消費者の被る便益や損害を正確に表す」ということのひとつの説明である。図23の灰色の領域は補償変分と呼ばれるもので、詳しい解説は『ミクロ経済学の力』補論Cを見られたい。

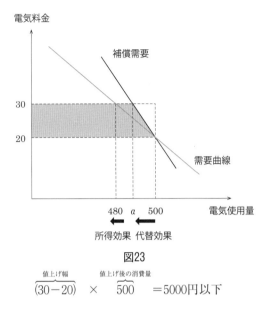

図23

$$\underbrace{(30-20)}_{\text{値上げ幅}} \times \underbrace{500}_{\text{値上げ後の消費量}} = 5000\text{円以下}$$

であることがわかる。

(5)「値上げ幅×値上げ前の消費量」の金額をもらうと、やろうと思えば値上げ前と同じ消費計画を実行できるので、値上げ前と同じ効用は最低でも実現できる（値上げした後では電気が割高になっているので、値上げ前と同じ消費計画を続けるのではなく、たとえばもっと安いガスに乗り換え、浮いたお金で何か他の財を買えば、効用はより高くなるかもしれない。このことから、「値上げ幅×値上げ前の消費量」の金額をもらうと、値上げ前より若干高い効用が達成できるのが普通である。言い換えると、値上げ前とちょうど同じ効用を達成するために必要な保証金額は、問(4)の答えが示すように、「値上げ幅×値上げ前の消費量」より若干低くなるのである）。

B12 タクシー需要の価格弾力性とは、タクシー料金が１％値上がりするとタクシー需要が何％減るかを（ほぼ）表すものである。記事によると、料金は７％上がっているのに対し、営業収入は2.1％の減少、乗車回数は8.5％減少とある。タクシーの需要（総走行距離）の減少により近いのは後者であるが、これは需要減少そのものではない。しかし、平均すると乗車回数 a が総走

行距離 b（＝需要）に比例する（$b = ka$）と考えると

$$需要の減少率 = -\frac{\Delta b}{b} = -\frac{k\Delta a}{ka} = -\frac{\Delta a}{a} = 乗車回数の減少率$$

であり、これより需要の減少率は 8.5% であると見てよいだろう。タクシー需要の価格弾力性は（ほぼ）値上げ 1% あたり需要の減少が何% であるかなので、（近似的に）

$$弾力性 = \frac{需要の減少率}{値上げ率} = \frac{8.5}{7} = 1.2$$

であることがわかる。このように価格弾力性が 1 より大きいと、ミクロ経済学の理論が教えるところによれば値上げをすると売り上げは減るはずである。記事によると、確かに値上げが営業収入減少を招いている。

B13 野菜をトラクターでつぶすのは、出荷量を減らして値段をつり上げ、売り上げを伸ばすためである。値段をつり上げると売り上げが増えるのは、価格弾力性が 1 より小さいときなので、思惑どおりに売り上げが伸びるのは弾力性が 1 より小さいときである。つまり、**野菜需要の価格弾力性は通常 1 より小さい**ということが、野菜の産地廃棄という事実からわかる。

B14 この興味ある問題を、あるとき考え付いたが、正解が何か自分でもわからなかったため、同僚の松島斉氏に質問したところ、なんと答えを即答！**「こいつは天才だ」**といたく感心した覚えがある。正解は「A と C は補完財とは言えない」であり、松島氏が出した具体例は、コーヒーと砂糖は補完財、砂糖と紅茶は補完財であるが、コーヒーと紅茶は代替財であるというものであった。実際、コーヒー、紅茶、砂糖、その他の財があるモデルを作れば、（補完財と代替財の数学的定義を使っても）このような例を作れると思う。

2 企業行動の理論

本章で学ぶこととキーワード

キーワードの意味がわかっているかどうか、□にチェックマークを入れてみよう！

第2章 企業行動の理論

2.1 経済学における企業のとらえ方

ミクロ経済学では企業の内部で何が起こっているかは詳しく考えず、一定の生産要素を投入すると生産物が産出されるブラックボックスのように扱う。

- □ ブラックボックスとしての企業
- □ 企業の本質に関するコースの問題提起

2.2 生産要素が一つ（労働）の場合の企業行動

(a) 生産関数

投入と産出の関係を表すものが、生産関数である。

- □ 生産関数　□ 長期と短期の生産関数　□ 労働の平均生産性
- □ 労働の限界生産性　□ 限界生産性逓減の法則

(b) 利潤最大化

等利潤線と生産関数のグラフが接するところが利潤最大点である。

- □ 完全競争　□ プライステイカーの仮定　□ 等利潤線
- □ 実質賃金　□ 利潤最大化条件（労働の限界生産性＝実質賃金）

(c) 費用関数と供給曲線

供給曲線とは、限界費用曲線にほかならない。供給曲線を見ると、利潤の

主要な部分（生産者余剰）がわかる。

- [ ] 可変費用　 [ ] 固定費用　 [ ] サンク・コスト　 [ ] 平均費用（AC）
- [ ] 限界費用（MC）　 [ ] 生産者余剰　 [ ] 損益分岐価格
- [ ] 操業停止価格

(d) 費用曲線の実例

電力会社の各発電プラントの費用とキャパシティを調べることにより、限界費用曲線と平均費用曲線の実例を見ることができる。

2.3 生産要素が二つ（労働と資本）の場合の企業行動

(a) 規模に対する収穫

生産規模を大きくすることに、どれだけメリット（スケール・メリット）があるかを調べるのが「規模に対する収穫」という概念である。

- [ ] 収穫一定　 [ ] 収穫逓増　 [ ] 収穫逓減

(b) 生産要素間の代替と技術的限界代替率

同じ量の生産物を作るやり方はたくさんある。機械（資本）をたくさん使い、労働はあまり使わないやり方もあるし、逆に資本は少ししか使わず、労働をたくさん使うやり方もある。前者から後者へ変更すると、労働を増やす代わりに機械（資本）を節約することになる。このように、「同じ生産量をキープするために、ある生産要素を増やして別の生産要素を減らす」ことを、生産要素の代替と言う。

- [ ] 等量曲線　 [ ] 技術的限界代替率
- [ ] 技術的限界代替率と限界生産性の関係
- [ ] 技術的限界代替率逓減の法則

(c) 利潤最大化

「各生産要素の限界生産物の価値が、その生産要素の価格に等しい」ということが、生産要素が複数ある（労働、資本、原材料…）ときの利潤最大化の条件である。

- ☐ 費用最小化条件（技術的限界代替率＝要素価格比）　☐ 凹関数
- ☐ 生産関数の凹性＝生産可能性集合の凸性
- ☐ 生産可能性集合の凸性と生産技術の諸法則（限界生産性逓減、限界代替率逓減、収穫一定または逓減）
- ☐ 利潤最大化条件（限界生産物の価値＝要素価格）

(d) 長期の費用関数と供給曲線

一部の生産要素（たとえば工場の大きさ）が固定されている短期の費用曲線と、すべての生産要素の量を動かせる長期の費用曲線の間には、一定の関係がある。供給は、長期のほうが価格の変化によりよく反応する。

- ☐ 短期平均費用（SAC）　☐ 短期限界費用（SMC）
- ☐ 長期平均費用（LAC）　☐ 長期限界費用（LMC）　☐ 包絡線
- ☐ ル・シャトリエの原理

2.4 生産要素と生産物がともに多数あってもよい、一般的な場合の企業行動

生産関数が微分できる、生産可能性集合が凸集合であるなどの仮定を一切置かなくても、利潤を最大化する企業の供給と要素需要は一定の法則に必ず従う。

- ☐ 供給法則（価格が上がると、供給は増えるか一定かのどちらかである）
- ☐ 要素需要法則（生産要素の価格が上がると、要素需要は減るか一定かのどちらかである）

2.5 利潤と所得分配：なぜ所得格差が生まれるのか

市場経済では、各人の所得は、その人が所有する生産要素（労働、土地など）の限界生産性によって決まる。特に利潤は、企業の所有者が保有する生産要素（工場、経営能力など）の限界生産性によって決まる。

- ☐ 1次同次関数と収穫一定　☐ 完全分配定理

復習問題：基本中の基本を身につけよう！　　A

A1 次の事項を説明せよ。

(1) 労働の**限界生産性**と**平均生産性**
(2) **可変費用**と**固定費用**
(3) **サンク・コスト**

A2 生産関数と利潤最大化：労働 L だけを使って生産物 y を作ることができる企業の生産関数を $y = f(L)$ とする。
(1) 労働の**限界生産性逓減の法則**とは何かを説明せよ。
(2) **完全競争**とはどのような状態なのかを説明せよ。
(3) 完全競争の下でこの企業が**利潤最大化**するときの最適生産点を、生産関数のグラフを描いて説明せよ。
(4) 完全競争の下でのこの企業の**利潤最大化条件**を、数式を使って説明せよ。

A3 費用・供給・利潤の関係：生産量 y に対する可変費用が y^2、固定費用（サンク・コスト）が 8 である企業について、次の問に答えよ。
(1) 総費用 $C(y)$ を数式で表せ。
(2) **平均費用** $AC(y)$ と**限界費用** $MC(y)$ を数式で表し、そのグラフを一つの図の中に描け。
(3) この企業の**供給曲線**がどのように決まるかを説明し、そのグラフを問(2)の図に描き込め。
(4) **生産者余剰**とは何かを説明し、これと供給曲線との関係を図示せよ。また、**生産者余剰と利潤の関係**を説明せよ。
(5) 生産者余剰が、問(4)のように図示される理由を説明せよ。とくに、可変費用が図の中のどの領域で表されるのか、またそれはなぜなのかを説明すること。

A4 生産関数から費用を導く：生産関数が $y = f(L) = \sqrt{L}$ であり、サンク・コストである固定費用 2 を持つ企業を考える。賃金は、$w = 8$ であるとする。
(1) 総費用関数 $C(y)$ を数式で書き、このうちのどの部分が可変費用で、どの部分が固定費用かを答えよ。
〔ヒント：生産量 y を作るのに必要な労働投入量 $L(y)$ は何でしょうか。〕
(2) 平均費用 $AC(y)$ と限界費用 $MC(y)$ を数式で表し、そのグラフを描け。

(3) 生産物の価格を p として、この企業の供給関数 $S(p)$ を数式で表せ。

A5 労働と資本を使った最適生産：生産関数が $y = F(L, K)$ である企業を考える。ここで、L は労働、K は資本、y は生産物である。この企業を運送業者だとすると、資本とはトラックであり、y は運送する荷物の量とみることができる。以下の問いに答えよ。

(1) 生産量 $y = 10$ を実現するための**等量曲線**とは何かを説明せよ。

(2) 横軸に L、縦軸に K を取って描いた等量曲線の接線の傾きの大きさ（符号をプラスにしたもの）を、労働の資本に対する**（技術的）限界代替率**と言い、MRS_{LK} と書く。

$$MRS_{LK} = \frac{労働の限界生産性}{資本の限界生産性}$$

しっかり理解しましょう！

となることを、数式を展開して証明せよ。

(3) 労働の資本に対する限界代替率が $MRS_{LK} = \frac{1}{10}$ であるとき、これは何を意味するのだろうか。次の文章の □ を埋めよ。

　労働1単位が十分小さな値であるならば、$MRS_{LK} = \frac{1}{10}$ であることの意味は、労働を1単位増やすとき、資本を ア） 単位減らしても イ） が（ほぼ）維持できるということである。

(4) 次の文章の □ を埋めよ。

　この問題に即して**技術的限界代替率逓減の法則**を述べると、「同じ等量曲線上で労働を増やすと、労働の資本に対する限界代替率 MRS_{LK} が ウ） する」ということである。

　また、(2)を参考にして、限界生産性逓減の法則が成り立っていれば、技術的限界代替率逓減の法則が成り立つことを説明せよ。

(5) 労賃を w、**資本のレンタルプライス**を r で表す。資本のレンタルプライスとは何かを、運送業者の例に即して説明せよ。

(6) **費用最小化の条件**が

$$\frac{w}{r} = \frac{労働の限界生産性}{資本の限界生産性}$$

になることを、等量曲線と等費用線のグラフを使って説明せよ。
(7) 運送会社が L と K を最適に選んで利潤最大化するための条件は

> 生産要素の限界生産物の価値＝生産要素価格
> 一番大事な条件です！

である。この条件を労働と資本それぞれについて、数式で表せ。また、その数式がどのようにして導出されるのかを説明せよ。

A6 短期と長期の平均費用の関係
(1) 工場規模 (K) をさまざまな値に固定したときの**短期の平均費用**（SAC）と、（工場の規模を生産量に応じて自由に調整できる）**長期の平均費用**（LAC）の関係を、一つの図に描け（平均費用はどちらもU字型をしているケースを考える）。この図において、工場規模 $K=10$ の短期平均費用曲線が生産量800において長期平均費用曲線に接しているとしたときに、このことが何を意味するのかを簡潔に説明せよ。
(2) 長期の限界費用曲線（LMC）・平均費用曲線（LAC）と、工場の規模を $K=10$ に固定したときの短期の限界費用曲線（SMC）・平均費用曲線（SAC）を一つの図に描け（限界費用はどちらも右上がりと考える）。
(3) 上で描いた図を使って、**ル・シャトリエの原理**とは何かを説明せよ。

A7 規模に対する収穫一定と完全分配定理とは何かを説明せよ。また、資本の量 K が固定されている短期における利潤の大きさが、収穫一定の下では何によって決まるかを説明せよ。

A8 生産物、労働、資本を y, L, K で表すとき、$y = F(L,K) = AL^a K^b$ という形の生産関数を、**コブ・ダグラス生産関数**と言う（a, b は正の定数）。
(1) 収穫一定の場合、定数 a, b はどのような関係を満たさなければならないかを答えよ。以下の問題では、収穫一定を仮定して答えよ。
(2) 資本の量 K が固定されている短期の利潤最大化問題を、生産物価格を p、賃金を w として解き、生産量と労働投入量を求めよ（資本は企業の所有者によって所有されており、資本に対する支払いはすでに終わっている

ものとする)。
(3) 労働者の取り分(労働分配率、人件費率) $\frac{wL}{py}$ と、企業の所有者の取り分 $\frac{py-wL}{py}$ を計算せよ。

A9 次の各問に答えよ。
(1) **機会費用**とは何かを説明せよ。
(2) **産業の長期均衡状態**を、図を使って説明せよ(産業全体の需要と供給と、個別企業の供給の図を併記すること)。また、**産業の長期供給曲線**とは何かを説明せよ。

発展問題と現実への応用　　B

B1 エンジニアと会計士の意外な関係——会社の会計情報を見れば、その会社の生産技術がどの程度わかるか:部品組み立て工場を考える。工場には3台の機械A, B, Cがあり、それぞれ1人がついて親会社から与えられた部品を組み立てる。1時間あたりにできる製品(完成品)の数は、Aが100、Bが50、Cが20である。工場は、一定の時給で何人でも人を雇える。1日の労働時間は8時間である。

(1) 製品価格が10円、時給が700円なら、機械Aだけを稼働させるのが最適で、そのときの1時間あたりの利潤は、10円×100−700円=300円であり、1日(8時間労働)の利潤は300円×8=2400円である。同様にして、製品価格と時給が変動したときの利潤(利益)を計算し、表1の空欄を埋めよ。ただし、1期間=1日と考える。

(2) 表1の会計情報から、部品組み立て工場の生産技術を推定できないか考えてみよう。第1期の利益を与える等利潤線を描くと、図1の直線のようになっている。この直線は、表1の会計情報だけから描くことができる点に注意しよう(切片と傾きが会計情報からわかる)。

　さて、この**直線(等利潤線)と生産関数 $y = f(L)$ のグラフ**は、どこかで接しているはずである(第1期の利潤最大化より)。したがって、図1の直線は生産関数のグラフを(大きめに)推定したものといえる。会計情報がもっとたくさんあって、別のもう一つの期のデータがあれば、その期の利益を与える等利潤線も描き込むことができる。これが、図2

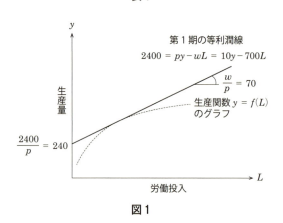

表1

図1

のようになっているとしよう。

　すると、生産関数のグラフはこの両方に接しているはずだから、図2の二つの直線の下側をなぞった太い線は、生産関数を（図1よりも）もっと良く近似したものになる。

　以上の考え方を使って、
① この工場の（1日の）生産関数のグラフと
② 第1期から第4期までの会計情報を使って推定した（1日の）生産関数のグラフ

を描き、両者を比較することにより、会計書類に生産技術の情報がどの程度含まれているかを理解せよ。（方眼紙を使うと、図が描きやすいです。）

B2 携帯電話会社に、使用する周波数帯を買わせると、料金が高騰する？：携帯電話会社は、データ送受信のために特定の周波数帯を使っている。欧米のほとんどの国ではこうした周波数帯を携帯電話会社にオークションで売却

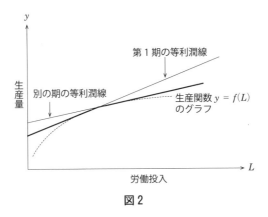

図2

しているが、日本では総務省が業者にタダで配ってきた。イギリスでは2000年の3G規格の周波数帯が225億ポンド（4兆2000億円）で売れており、日本でもタダで配ることをやめていれば、日本経済の最も深刻な問題である財政赤字の削減が相当達成できたはずである。

日本では、周波数帯をオークションにかけることには反対が多かった。「日経コミュニケーション」の記事は、次のように述べている[1]。

> これまで日本で周波数オークションは「**価格が高騰し、サービスの普及に悪影響がある**」として導入が退けられてきた。長年周波数オークションについて様々な提言をしている大阪大学・大阪学院大学経済学部の鬼木甫名誉教授は「OECD諸国のほとんどが周波数オークションを採用している。それなのに日本は頑なに拒んできて、極端なガラパゴス状態になっている。どうして日本と海外はこんなに状況が違うのか」と指摘する。
>
> それもそのはず、日本ではオークション導入を真剣に推進する関係者がこれまで皆無だったからだ。携帯電話事業者にとってみれば、タダ同然でもらえる周波数帯に対し、場合によっては数千億円の費用を仕払わなければならなくなる。積極的に賛成する理由は無い。周波数帯の割り当ての許認可権を持つ総務省にとっても一部の権益を奪われる形になり、推進する動機は見え

---

[1] 『日経コンピュータ』2011年2月7日掲載の記事「揺れる電波行政、周波数オークション導入への道」（http://itpro.nikkeibp.co.jp/article/COLUMN/20110202/356777/）。ゴシック部分の強調は筆者が行った。

ない。ユーザーにとっても、**事業者が仕払うオークション落札額がサービス料金の高騰につながる**可能性があるとすれば、諸手を挙げて賛成ということにはならないだろう。そのためオークション推進派といえるのは、一部の学術関係者にとどまっていた。

業者が周波数帯オークションに反対する理由としてよく挙げる、「高い費用で周波数帯を買わされると、結局は料金が高くなり、利用者に大きな損害が出る」という主張の是非を論ぜよ。
〔ヒント：携帯電話会社の総費用を可変費と固定費に分けて、それぞれが周波数帯を高いお金で買うことでどう変化し、その結果企業の行動はどう変わるか……を考えてみましょう。〕

B3 等量曲線モデルと現実：生産のモデルは「生産物や生産要素の量が（1個、2個という、とびとびの値ではなく）連続的に変化できる」「等量曲線が原点に向かって凸の形をしている」などの、あまり現実的にみえない仮定を置いているが、こうしたモデルは現実の企業とかけ離れたものなのだろうか。

いま、トラック（K）と労働（L）を使って荷物を運ぶ運送会社を考え、十分現実的な状況として、$y = 10$ トンの荷物を運ぶ方法が、「トラック3台（$K = 3$）と労働者3人（$L = 3$）」か「トラック2台（$K = 2$）と労働者6人（$L = 6$）」の二つだけだとする（図3 (a)）。一方、トラックの台数も労働者の人数も連続的な値を取り、原点に向かって凸の等量曲線を持つ図3 (b)のような数学モデルを考える。

(1) トラックのレンタル代をr、労賃をwとしたとき、$y = 10$ トンの輸送を最小の費用で達成するトラックと労働者の組み合わせを考えると、図3の**数学モデルの費用最小化点は、ほぼすべてのrとwに対して現実の運送会社の費用最小化点と一致する**ことを、図を使って示せ。両者が一致しないのはrとwがどのような値を取るときか。そのときでも、現実の(K, L)の選択と数学モデルでの選択は部分的には一致していることを示せ。

(2) いま、現実の運送会社が$y = 10$ トンの荷物を運ぶ方法が、図4のように4つあったとする。図の点Aから点Bに移ると、限界代替率逓減の法則が満されていない（労働を増やしているのに、労働の資本に対する限

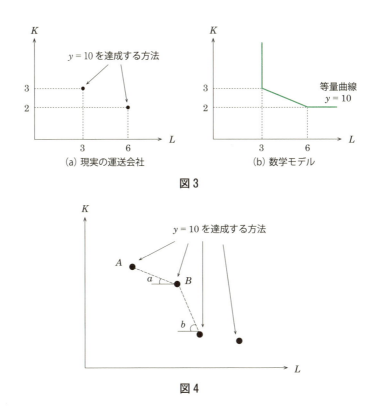

図3

図4

界代替率が下がらずに、図中の $a < b$ のように上がってしまっている）。このように、現実の企業では限界代替率逓減の法則は成り立たないことも当然あるが、そのような企業の費用最小化行動は、ほとんどすべての価格の下で、限界代替率逓減の法則が成り立っている数学モデルで再現できることを示せ。

〔ヒント：問(1)と同じように考えてみましょう。〕

(3) $y = 10$ トンを輸送する方法が、図5のようにたくさんある場合、この運送会社の費用最小化行動をほぼすべての価格の下で再現する数学モデルの等量曲線（$y = 10$）はどのようになるかを図示せよ。

B4 **安定した労働分配率と経済成長**：売り上げから原材料費を差し引いた残りが、労働者への支払いと利潤に分けられる。そこで、「労賃支払い／（売り上げ－原材料費）」を**労働分配率**と言う。内閣府の統計によると、資本

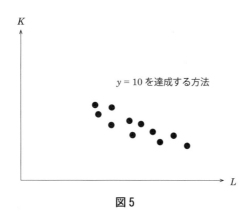

図5

金1億円以下の企業の**労働分配率**は、1975年以降ほぼ安定して0.8であった。このことをうまく表す生産関数を見つけてみよう。以下では簡単化のため原材料は無視して、労働 L と資本 K だけで生産ができると考える。

(1) $y = AL^a K^b$ という形の生産関数を、**コブ・ダグラス型の生産関数**と言う（A, a, b は正の定数）。収穫一定ならば、$a+b=1$ でなければならないことを示せ。

(2) 生産物価格と賃金をそれぞれ p, w として、K が固定されている短期の利潤最大化問題を解き、労働分配率を計算せよ。

(3) 収穫一定だとした場合、資本金1億円以下の企業の行動をうまく表す生産関数を書け。

(4) 労働量と資本量の変化 $\Delta L, \Delta K$ が小さいと、

$$\Delta y = \frac{\partial F}{\partial L}\Delta L + \frac{\partial F}{\partial K}\Delta K$$

がほぼ成り立つ。資本金1億円以下の企業の生産関数が問(3)のようであったとき、それらの企業の**成長率** $\frac{\Delta y}{y}$ と雇用の成長率 $\frac{\Delta L}{L}$、資本の成長率 $\frac{\Delta K}{K}$ の関係式を示せ。雇用が10%、資本が5％で成長するとき、資本金1億円以下の企業の成長率はいくらになると予想できるか。（労働分配率が安定しているときは、このように、雇用の成長率と資本の成長率から経済成長率を予測できるのです。）

B5 🧠 **頭の体操　供給曲線から生産者余剰ではなく利潤そのものを計算できるか？**：「利潤＝生産者余剰−サンクされた固定費」であり、生産者余剰は供給曲線から計算できる。しかし、生産者余剰などという、もってまわったものより利潤を考えたほうがわかりやすいので、供給曲線から利潤を計算できないかどうか考えてみよ。

〔ヒント：できません。なるべく直観的に、わかりやすい理由を述べてください。よく考えると、あっ、なるほど！という理由が見つかるはずです。〕

B6 🧠 **頭の体操　たくさん作れるようになると供給は増えるか？**：技術革新によって、同じ量の生産要素を投入しても前よりも多く生産ができるようになったとしよう（つまり、生産関数のグラフが上側に移動したとする）。このとき、供給は必ず増える（供給曲線が右側に移動する）と言えるか？言えるならばこれを証明し、言えないならば反例をあげよ。

💡 解答

復習問題

A1 (1) y を生産量、L を労働投入量、生産関数を $y = f(L)$ とすると、労働の平均生産性は $\frac{y}{L} = \frac{f(L)}{L}$、限界生産性は生産関数を労働投入量で微分した $f'(L)$ である。

(2) 生産量がゼロでないときにかかる費用のうち、生産量に応じて変化する部分が可変費用で、変化しない部分が固定費用である。

(3) 固定費用のうち、生産量をゼロにしても支払わなければならない部分をサンク・コストと言う。より一般的には、「これから何をする場合でも、絶対に支払わなければならない費用」がサンク・コストである。

A2 (1) 労働投入量を増やすと、労働の限界生産性が減ること（$f'(L)$ が L を増やすと減ること）。

(2) 市場にたくさんの売り手と買い手がいるため、各売り手と買い手は、市場で成立している価格を変化させることができないような状態。つまり、各売り手と買い手は、市場で成立している価格を一定とみて利潤最大化や効用最大化をするような状態。このようなとき、各買い手と売り手は

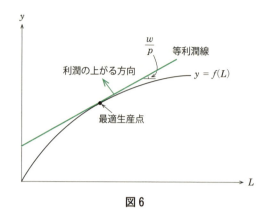

図6

「プライス・テイカーである」と言う。

(3) 図6を参照。

(4) 図6から、利潤最大化の条件は $\frac{w}{p} = f'(L)$（等利潤線の傾き＝生産関数のグラフの接線の傾き）。

A3 (1) $C(y) = 8 + y^2$

(2) $AC(y) = \frac{C(y)}{y} = \frac{8}{y} + y$ なので、そのグラフは図7のようになっている。（$\frac{8}{y}$ のグラフは双曲線で、図7の上の図のような形をしている。これを、原点を通る右上がりの直線である y のグラフと足し合わせると、図7の下のグラフのようになるのである。）また、$MC(y) = C'(y) = 2y$ で、MC のグラフは AC の最低点を通ることがわかっているので、二つのグラフをまとめて描くと図8のようになる。

(3) 図8の通り、MC 曲線＝供給曲線である。

(4) 図9を参照。**サンクされた固定費用を差し引く前の利潤が生産者余剰である**（生産者余剰＝利潤＋サンクされた固定費用）。この問題では、「利潤＝収入－可変費用－サンクされた固定費用」なので、「生産者余剰＝収入－可変費用」である。

(5) 限界費用 MC は、生産量を増やしたときに追加的にかかる可変費用を表すので、［それらを足し合わせた（積分した）もの］＝［図9の灰色の部分］が可変費用である。収入（図の四角形）からこの可変費用を引いた部分が生産者余剰である。

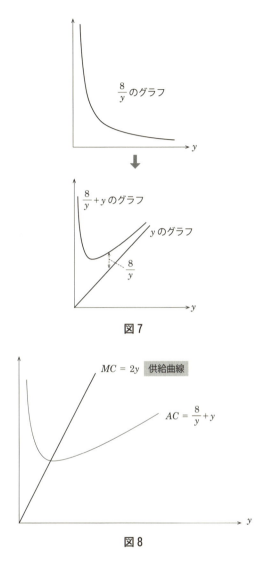

図 7

図 8

A4 (1) $y = \sqrt{L}$ なので $L = y^2$ であり、これが生産量 y を達成するために必要な労働量 $L(y)$ である（$L(y) = y^2$）。したがって、$wL(y) = wy^2$ が労働費用であり、これに固定費用 2 を加えたものが総費用 $C(y) = 2 + wy^2 = 2 + 8y^2$ である。このうち 2 が固定費用、労働費用にあたる $8y^2$ が可変費用である。

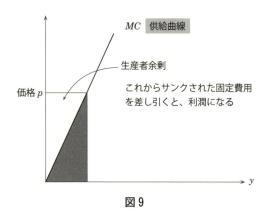

図9

(2) 平均費用は $AC(y) = \frac{C(y)}{y} = \frac{2}{y} + 8y$、限界費用は $MC(y) = C'(y) = 16y$ である。このグラフを描くために、まず $\frac{2}{y}$ のグラフは双曲線で、図10(a)のようになっていることに注意しよう。これを図10(b)の直線 $8y$ の上に加えれば、平均費用 $AC(y) = \frac{2}{y} + 8y$ のU字型のグラフができあがる。限界費用 $MC(y) = 16y$ は図10(b)にあるような直線であり、これは『ミクロ経済学の力』で確認したように AC 曲線の最低点を通る[2]。

(3) 最適な供給量 y は価格と限界費用が等しいところで決まるので、$p = MC = 16y$、これより $y = \frac{p}{16}$ で、これが供給関数である ($y = S(P) = \frac{p}{16}$)。

A5 (1) 生産量 $y = 10$ を達成するために必要な L と K の組み合わせ。

(2) 労働をわずかに増やし ($dL > 0$)、代わりに資本をわずかに減らした ($dK < 0$) ときの生産の変化 dy を表す式は

$$dy = \frac{\partial F}{\partial L}dL + \frac{\partial F}{\partial K}dK$$

---

2 実際に、AC 曲線の最低点を求めてみると、最低点ではグラフの接線の傾き（微分）がゼロになっているはずなので、$AC'(y) = -\frac{2}{y^2} + 8 = 0$（ここで、微分の公式 $(\frac{1}{y})' = -\frac{1}{y^2}$ を使った）。よって、AC が最低になるのは $AC'(y) = 0$ の解である $y = \frac{1}{2}$ で、そのときの AC の値は $\frac{2}{y} + 8y = 8$ である。つまり、AC の最低点は $(\frac{1}{2}, 8)$ である。そして、たしかにこの点を $MC(y) = 16y$ は通る ($8 = 16 \times \frac{1}{2}$)。

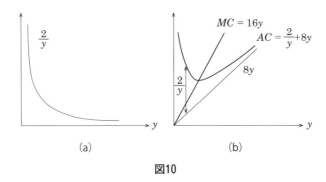

図10

である。労働と資本の変化後も、前と同じ生産量を達成している場合 ($dy = 0$) には

$$0 = \frac{\partial F}{\partial L}dL + \frac{\partial F}{\partial K}dK$$

となる。これを変形すると

$$-\frac{dK}{dL} = \frac{\partial F/\partial L}{\partial F/\partial K}$$

となる。左辺は y を一定に保つような L の変化と K の変化の比であり、これが労働の資本に対する技術的限界代替率 MRS_{LK} である。

(3) ア) $\frac{1}{10}$、イ) 同じ生産量
(4) ウ) 減少：労働を増やすと労働の限界生産性 $\frac{\partial F}{\partial L}$ が減り、資本を減らすと資本の限界生産性 $\frac{\partial F}{\partial K}$ が増え、結果として限界代替率 $\frac{\partial F/\partial L}{\partial F/\partial K}$ は減る。
(5) 資本のレンタルプライスとは、資本財（トラック）を1期間使用する費用である。トラックのレンタカー代や、トラックの購入代金を適当なやり方で1期間あたりに按分したものにあたる。
(6) 図11を参照。
(7) (1)式の通り：

$$p\frac{\partial F}{\partial L} = w, \quad p\frac{\partial F}{\partial K} = r \tag{1}$$

これは、以下のようにして導出される。生産関数 $y = F(L, K)$ のグラフの下側が凸集合になっている（F が凹関数になっている）と仮定する。

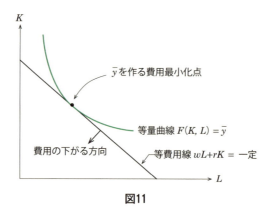

図11

すると、利潤

$$\pi = \pi(L, K) = pF(L, K) - wL - rK$$

も、(二つの凹関数 $pF(L, K)$ と $-wL - rK$ の和なので) 凹関数になる。凹関数 $\pi(L, K)$ のグラフは上に向かって凸なきれいな形をしているので、それを最大化する点 (グラフの頂点) は、グラフの接線の傾きがゼロという条件

$$\frac{\partial \pi}{\partial L} = 0, \quad \frac{\partial \pi}{\partial K} = 0$$

によって求めることができる。この式の微分を実行すると(1)式が導出される。

A6 (1) 図12を参照。生産量800を達成するのに最適な工場規模が $K = 10$ であることを意味する。

(2) 図13を参照。

(3) 供給曲線は限界費用曲線に等しいので、図13より、長期の供給曲線 (LMC) のほうが短期の供給曲線 (SMC) より傾きが小さい。つまり、**長期の供給のほうが短期の供給より価格によく反応する**。これを、ル・シャトリエの原理と言う[3]。

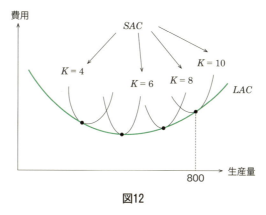

図12

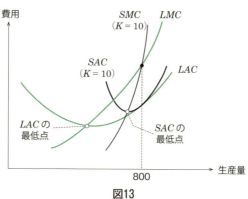

図13

A7 規模に対する収穫一定とは、すべての生産要素をt倍にしたときに、生産量もちょうどt倍になることである。生産関数$y = F(L, K)$が収穫一定を満たすならば、

$$y = \frac{\partial F}{\partial L}L + \frac{\partial F}{\partial K}K \tag{2}$$

が成り立つ（1次同次関数に関するオイラーの定理）。つまり、**各生産要素の限界生産性に比例して生産物を各生産要素の所有者に分配すると**（(2)式

---

3 正確には、長期供給曲線上のある点において、長期供給曲線の傾きと、その点を通る短期供給曲線の傾きを比べると、前者のほうが小さい（より価格に反応する）ということである。

の右辺)、生産物はすべて過不足なく分配しつくされる。これを、完全分配定理と言う。

K が固定されているときの利潤最大化条件は、生産物価格と賃金を p, w とすると $p\frac{\partial F}{\partial L} = w$ であるので、利潤は $\pi = py - wL = py - p\frac{\partial F}{\partial L}L$ と書ける。これと(2)式より、利潤は

$$\pi = p\frac{\partial F}{\partial K}K$$

である。つまり、利潤は企業家が所有する資本財の限界生産物の価値（資本の限界生産性×生産物価格）に固定された資本量を掛けたものに等しい。

A8 (1) 収穫一定の条件は、$F(tL, tK) = tF(K, L)$ である。コブ・ダグラス生産関数 $F(L, K) = AL^a K^b$ について右辺を計算すると

$$A(tL)^a(tK)^b = t^{a+b}AL^a K^b$$

なので、$a+b=1$ が収穫一定の条件となる。

(2) K が固定されている短期の利潤最大化問題は、L を最適に選んで利潤 $\pi = pAL^a K^b - wL$ を最大化することである。最適条件は

$$\underset{\text{限界生産物の価値}\left(p\frac{\partial F}{\partial L}\right)}{paAL^{a-1}K^b} = \underset{\text{要素価格}}{w} \qquad (3)$$

である。収穫一定より $b = 1-a$ なので、これを変形すると

$$paAL^{a-1}K^{1-a} = w \quad \Leftrightarrow \quad \frac{paA}{w}K^{1-a} = L^{1-a}$$

($1-a = b > 0$ なので、K や L の肩に正の数 $1-a$ が乗っている形にしたほうが、最後に出てくる式が見やすくなります。）よって、

$$L^* = \left(\frac{paA}{w}\right)^{\frac{1}{1-a}}K$$

が最適労働投入量であり、最適生産量は

$$y^* = F(L^*, K) = A\left(\left(\frac{paA}{w}\right)^{\frac{1}{1-a}} K\right)^a K^{1-a}$$

$$= \left(A \times A^{\frac{a}{1-a}}\right)\left(\frac{pa}{w}\right)^{\frac{a}{1-a}} (K^a \times K^{1-a})$$

である。ここで、$A \times A^{\frac{a}{1-a}} = A^{1+\frac{a}{1-a}} = A^{\frac{1}{1-a}}$、$K^a \times K^{1-a} = K^{a+1-a} = K$ なので、最適生産量は結局、

$$y^* = A^{\frac{1}{1-a}} \left(\frac{pa}{w}\right)^{\frac{a}{1-a}} K$$

である。

(3) 労働者の取り分は $\frac{wL^*}{py^*}$ で、これに問(2)で求めた L^* と y^* の式を代入してゴリゴリ変形していけば、これが a になることが確かめられる。

　このように、計算が結構面倒なのに魔法のように簡単な答えが出るときには、より簡単に答えを出す方法があることが多い。それは何かを考えてみよう。最適労働投入 $L = L^*$ はもともと利潤最大化の条件(3)式を満たすように決めたので

$$paAL^{*a-1}K^b = w$$

である。この左辺は生産量 $y^* = AL^{*a}K^b$ と形が似ているので、それに合わせて変形すると

$$pa(AL^{*a}K^b)L^{*-1} = w$$

これからただちに

$$a = \frac{wL^*}{py^*}$$

であることがわかる。企業の所有者の取り分は、

$$\frac{py^* - wL^*}{py^*} = 1 - \frac{wL^*}{py^*} = 1 - a = b$$

である。つまり、コブ・ダグラス生産関数 $F(L, K) = AL^a K^b$ において、

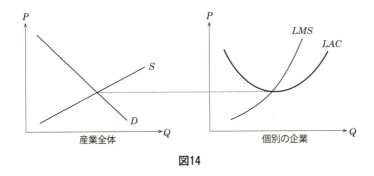

図14

L と K の肩についている定数 a, b は、収穫一定 ($a+b=1$) の場合は労働者と資本家の取り分を表すのである。

A9 (1) あるものをあることに使う機会費用とは、それを他の用途に使ったときに得られる最大の収益のことである。

(2) 産業の長期均衡は図14の通り。長期平均費用の最低値に等しい価格水準で水平になっている直線を、産業の長期供給曲線という。

発展問題と現実への応用

B1 問(1)の第1期の例を参考にして考えると、稼働させるべき機械は第2期がA、第3期は $16 \times 100 > 700$, $16 \times 50 > 700$ だから、AとBを使う。第4期は $240 \times 20 > 600$ だから、A, B, Cを使う。各期の利益は表2のようになる。生産関数の図を描き（図15）、各期の等利潤線が生産関数と接する様子を描くと図16のようになる。図17、図18をみると、会計情報からかなりの精度で生産関数が推定できることがわかる。

> **コメント** 「利潤、生産物価格、労賃」＝ (π, p, w) という会計情報がたくさんあると、このように生産関数をよい精度で推定できます。そのやり方は図17のように、会計情報から作った等利潤線の下側をなぞると生産関数をバックアップできるということです。等利潤線は $y = \dfrac{\pi}{p} + \dfrac{w}{p}L$ なので、さまざまな「等利潤線の下側をなぞって生産関数を逆算する」ということは、「各 L について、さまざまな等利潤線上の一番小さい点を探す」、つまり、さまざまな p, w のもとで得られる利潤

	当期の利益
第2期	800
第3期	8000
第4期	312000

表2

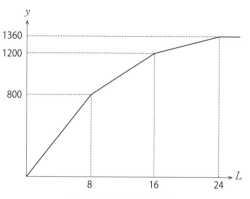

図15　実際の生産関数

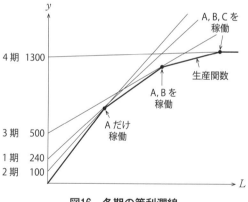

図16　各期の等利潤線

π の組 (p, w, π) について

$$\min_{\pi, p, w} \left\{ \frac{\pi}{p} + \frac{w}{p} L \right\} = f(L) \tag{4}$$

というやり方で、会計情報から生産関数を逆算できるということなのです。このことの背後にあるのは、意外なことに理論物理学や制御工学で活躍する「ルジャンドル変換」という数学的原理です。実は、「会計情報というのは生産関数のルジ

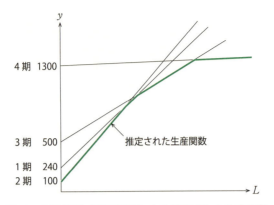

図17 会計情報（等利潤線）から推定された生産関数

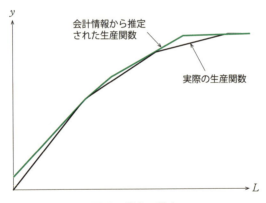

図18 推定の精度

ャンドル変換であり、また会計情報をルジャンドル変換すると生産関数に戻る」のです（より正確な説明は、次のコメントを見てください）。このことは普通の教科書にはあまり出てきませんが、**「価格や利潤などの会計情報が、経済運営に必要な情報をうまく要約している」**という、**市場メカニズムの秘密にせまる事実**をたいへんよく表すものなので、あえてスポットライトを当ててみました。

またこの問題から、**会計学**というのは、簿記のやり方を学ぶ職業訓練ではなく、「経済活動にとって有用な情報をどう記録して公開するか」を分析する科学としての一面を持っていることがわかるでしょう。

数学が好きな読者へのコメント 関数 $g(x)$ に対して

$$\max_x \{yx - g(x)\} = g^*(y)$$

で定まる関数 $g^*(y)$ を、g のルジャンドル変換と言います。この関数 g^* は上の最大化問題が解を持つ（無限に発散しない）範囲の y について定義されます。また、g のグラフの上側が凸集合である、つまり g が凸関数であるときには、g^* をもう一度ルジャンドル変換すると、元の関数 g に戻ることが知られています。いま、$g = -f$（ここに注意！）, $x = L$, $y = -\frac{w}{p}$ とすると[4]、ルジャンドル変換を示す上の式の左辺は

$$\max_L \left\{ f(L) - \frac{w}{p} L \right\}$$

という利潤最大化問題（正確には「利潤/p」の最大化）となることがわかるでしょう。つまり、$-f$（生産関数にマイナスをつけたもの）のルジャンドル変換は、「最大化された実質利潤 $\frac{\pi}{p}$」なのです。最大化された実質利潤 $\frac{\pi}{p} = g^*(y)$（ここで $y = -\frac{w}{p}$ を思い出しましょう）をもう一度ルジャンドル変換すると、元の関数 $-f$（生産関数にマイナスをつけたもの）に戻るのです。$g^*(y)$ のルジャンドル変換が $-f$ になる、ということを書いてみると、

$$\max_y \{yx - g^*(y)\} = -\min_y \{g^*(y) - yx\} = -f$$

となって、この右側のほうの等式を、$g^*(y) = \frac{\pi}{p}$, $y = -\frac{w}{p}$, $x = L$ であったことを思い出して書きかえると

$$-\min \left\{ \frac{\pi}{p} + \frac{w}{p} L \right\} = -f(L)$$

という、われわれが学んだ関係式(4)式（の両辺にマイナスをつけたもの）がたしかに出てきます。「会計情報から生産関数がバックアップできる」という練習問題は、以上のことが成り立つのはどうしてかを、図を使って理解するものになっています。

---

[4] 生産関数そのものではなく、それにマイナスをつけたものを変換するのは、「ルジャンドル変換を2回行うと元の関数に戻る」という性質が成り立つためには、元の関数のグラフの上側が凸集合（元の関数が凸関数）である必要があるからです。生産関数のグラフの下側は凸集合なので（凹関数）、それにマイナスをつけたものは上記の性質を満たすのです。

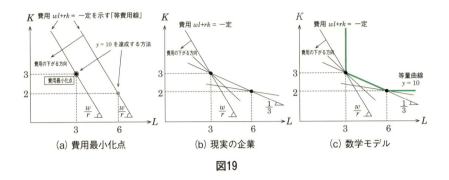

図19

B2 携帯電話会社の利潤は

$$\underbrace{売り上げ - その他の費用}_{A} - 周波数帯への支払い$$

である。Aの部分を最大にする携帯電話料金が月額8000円だとすると、周波数帯への支払いがいくらであっても、つねにAの部分を最大化する月額8000円の料金設定をするのが、携帯電話会社にとって最適である。したがって、「周波数帯を有料で売却すると携帯電話料金が高騰する」というのは、ウソであることがわかる。

> **コメント** 周波数帯への支払いは、どんなときでもしなければならないものなので、「サンク・コスト」です。一般的に、**サンク・コストは企業の行動を変えません**(サンク・コストを除いた利潤の部分を最大化するから)。

B3 (1) 費用最小化点は、現実の企業について図示すると図19(a)のように決まる。したがって、図19(b),(c)のように、ほとんどの価格の下で、費用最小化点は $(3,3)$ か $(2,6)$ のどちらかであり、現実の企業の行動と数学モデルの行動は一致する。一致しないのは、$\frac{w}{r}$ がぴったり $\frac{1}{3}$ になるときのみで、そのときでも

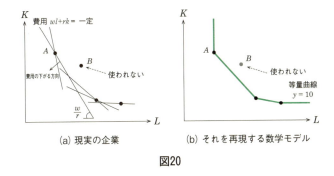

(a) 現実の企業　(b) それを再現する数学モデル

図20

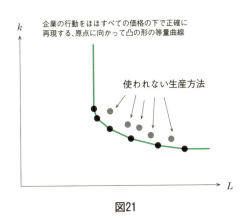

図21

- 現実の企業の費用最小化点：$(3,3)$ と $(2,6)$
- 数学モデルの費用最小化点：$(3,3)$ と $(2,6)$ を結んだ線上の点すべて

で、前者は後者の一部である。

(2) 限界代替率逓減の法則が成り立たない生産方法（点 **B**）は使われない（費用最小化点にならない）ので（図20(a)）、この点を除いて作った、限界代替率逓減の法則が成り立つ数学モデル（図20(b)）は、問(1)と同じ理由によって、ほとんどすべての価格の下で現実の企業の行動を再現する。

(3) 図21を参照。このように同じ生産量を達成する点がたくさんある場合、原点に向かって凸のなめらかな等量曲線を持つ、教科書に出てくるモデルに近づいていく。

B4 (1) 収穫一定の条件は $F(tL, tK) = tF(L, K)$ である。ここで、
$$F(tL, tK) = A(tL)^a(tK)^b = t^{a+b}AL^aK^b = t^{a+b}F(L, K)$$
なので、$a+b=1$ でなければならない。

(2) 利潤 $pF(L, K) - wL$ を L について最大化するには、利潤を L で微分してゼロとおけばよい。
$$p\frac{\partial F}{\partial L} - w = 0$$
これが、労働の限界生産物の価値（$p\frac{\partial F}{\partial L}$）が賃金 w に等しいという利潤最大化条件である。
$$\frac{\partial F}{\partial L} = aAL^{a-1}K^b$$
なので、$p\frac{\partial F}{\partial L} = paAL^{a-1}K^b = \frac{paF(L,K)}{L} = a\frac{py}{L} = w$ である。よって、労働分配率は
$$\frac{wL}{py} = a$$
となる。

(3) 労働分配率が安定して 0.8 なのだから、問(2)より $a=0.8$、また問(1)より $b=1-a=0.2$。よって
$$y = AL^{0.8}K^{0.2}$$
という生産関数が、資本金1億以下の企業の行動をよく表すものとなる。

(4)
$$\Delta y = \frac{\partial F}{\partial L}\Delta L + \frac{\partial F}{\partial K}\Delta K$$
の両辺を $y = F(L, K)$ で割ると

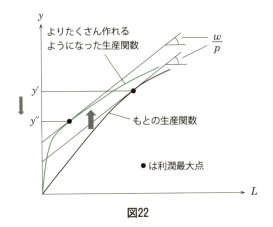

図22

$$\frac{\Delta y}{y} = \frac{(\partial F/\partial L)L}{F}\frac{\Delta L}{L} + \frac{(\partial F/\partial K)K}{F}\frac{\Delta K}{K}$$

となる。問(2)で計算した通り、$\frac{\partial F}{\partial L} = aAL^{a-1}K^b$ なので、

$$\frac{(\partial F/\partial L)L}{F} = a\frac{AL^a K^b}{AL^a K^b} = a$$

となる。同様に、$\left(\frac{\partial F}{\partial K}\right)K/F = b = 1-a$ である。よって、

$$\frac{\Delta y}{y} = a\frac{\Delta L}{L} + (1-a)\frac{\Delta K}{K} \quad a:労働分配率$$

という、成長要因の分解式が得られる。これを、成長会計と言うことがある。資本金1億以下の企業については、$a = $ 労働分配率 $= 0.8$ なので、$\frac{\Delta L}{L} = 0.1$, $\frac{\Delta K}{K} = 0.05$ のときの成長率は

$$\frac{\Delta y}{y} = 0.8 \times 0.1 + 0.2 \times 0.05 = 0.09$$

で9%である。

B5 B2 の解答のコメントにある通り、サンク・コストは利潤最大化行動に影響を与えない。したがって、企業の行動、特に供給行動からサンク・コス

トの大きさに依存する利潤を推計することはできないのである。

B6 言えない。図22のようになっていると、生産関数が上側にシフトしているのに、この図の価格 p での供給は、逆に y' から y'' へと減っている。これが反例である。

3 市場均衡

本章で学ぶこととキーワード

キーワードの意味がわかっているかどうか、□にチェックマークを入れてみよう！

第3章　市場均衡

3.1 部分均衡分析

(a) 市場需要と市場供給

需要と供給が一致する水準で市場価格は決まる。

□ 市場需要　□ 市場供給　□ 市場均衡　□ 比較静学

(b) 産業の長期均衡

参入と退出が自由に起こる長期の市場均衡を、産業の長期均衡と言う。

□ 機会費用　□ 超過利潤　□ 産業の長期均衡
□ 産業の長期供給曲線

(c) 消費者余剰

消費者が市場取引によってどれだけ得をしたかは、需要曲線と、市場価格を表す水平線で囲まれた三角形の面積で表すことができる。これを消費者余剰と言う。

□ 消費者余剰　□ 準線形の効用関数（所得効果がゼロ）

(d) 部分均衡分析の応用例

完全競争市場均衡は、消費者余剰と生産者余剰の合計（総余剰）を最大化する。完全競争市場の機能を阻害する間接税は、総余剰を減少させる。総余

剰を減少させないように税金を徴収するには、消費量や生産量などには依存しない一定額を徴収することが必要である（一括固定税）。

- [ ] 総余剰　[ ] 間接税　[ ] 従量税　[ ] 従価税　[ ] 死荷重
- [ ] 一括固定税　[ ] パレート改善

3.2 TPPについて、これだけは知っておこう：TPPとコメの輸入自由化

部分均衡分析を使えば、コメの輸入自由化が誰にどれだけの利益と損害を与えるのかが明らかになる。

3.3 一般均衡分析

（a）経済の全体像を見る：一般均衡モデル

すべての市場を同時に見て、その相互依存関係を理解するためのモデルが一般均衡モデルである。

- [ ] 生産可能性集合　[ ] 最適生産計画はどのように決まるか
- [ ] 一般均衡モデルでの家計の予算制約式　[ ] 初期保有量
- [ ] 最適消費計画はどのように決まるか

（b）労働供給

労働供給の決定も、通常の最適消費理論の応用によって理解できる。「24時間－労働時間＝余暇」という正の効用を与える財の最適消費を求めるという通常の問題を解けば、その裏側で、自動的に労働時間の最適決定が得られるからである。

- [ ] 余暇　[ ] 労働の最適供給条件
- [ ] 労働の限界不効用と賃金の関係　[ ] 労働供給曲線
- [ ] 労働供給曲線は後方に屈曲した形になることが多い

（c）一般均衡モデル（つづき）

序章で述べたように、経済学の基本問題は「誰が・何を・どれだけ・どうやって作るか、誰が・何を・どれだけもらうか」という資源配分がどう決まるかを理解することである。一般均衡モデルは、経済全体の資源配分が市場メカニズムによってどう決まるかを余すところなく明らかにする。

- [ ] 超過需要関数　[ ] 一般均衡モデルによる資源配分の決定

(d) 超過需要関数の性質

一般均衡モデルを使うと、さまざまな市場の相互依存関係や物価水準の決定について、重要な洞察が得られる。

☐ ワルラス法則　☐ ゼロ次同次性　☐ 相対価格
☐ 価値尺度財（ニュメレール）

(e) 均衡の存在

さまざまな市場を同時に均衡させるような価格体系が本当にあるのか？これは、まったく自明ではない。しかしながら、かなり一般的な条件の下ですべての市場を均衡させることが可能であることが論証できる。

(f) 交換経済の分析：エッジワースの箱

二人の消費者が二つの財を交換する様子を詳しく分析すると、資源配分の効率性や市場の働きについて、基本的なことがよく理解できるようになる。

☐ （純粋）交換経済　☐ エッジワースの箱　☐ パレート改善
☐ パレート効率性　☐ 契約曲線

(g) 市場メカニズムの効率性の論証：厚生経済学の第1基本定理

「市場メカニズムが消費者の好みを反映した効率的な資源配分を達成する」というのは、イデオロギー的な思い込みではなく、きわめて弱い条件の下で論理的に証明できるものである。

☐ 厚生経済学の第1基本定理　☐ 消費者主権

(h) グローバリズムはなぜ起こるのか？：市場均衡とコア

市場経済は地域や文化を超えてどんどん広がり、地球全体を覆いつつある。こうした「グローバリズム」現象は、市場均衡が資源配分の「コア」に属するという性質から理解できる。

☐ 分離独立による資源配分のブロック　☐ コア

(i) 厚生経済学の第2基本定理と効率性のための条件

国民一人ひとりを幸福にするには、自由な市場競争と、市場の働きを歪めない一括固定税・一括補助金を通じた所得再分配政策の組み合わせを使えばよい。このことを示す厚生経済学の第2基本定理は、**経済学における最も重**

要な結果の一つである。

- ☐ 厚生経済学の第2基本定理
- ☐ パレート最適な資源配分が満たすべき条件 ☐ 限界変形率（MRT）

(j) 厚生経済学の第2基本定理と経済政策

　厚生経済学の第2基本定理には二つの隠れた意義がある。一つは、価格を歪めるさまざまな規制が非効率性をもたらすことがわかるということである。二つ目は、そのような歪みを取り除くことが国民全体の利益になるという事実が、最も一般的な形で論証できるということである。

- ☐ 非効率性が起こる原因：価格の歪みと競争の制限
- ☐ 自由な市場競争と一括固定税・一括所得移転の組み合わせが、望ましい経済政策のあり方である

(k) 市場メカニズムの特長とは？：分権的意思決定と情報・誘因

　「経済をうまく運営するには、経済全体を見渡して適当なかじ取りをする司令塔がいるのでは？」「司令塔なしに、一人ひとりが勝手に行動すると、めちゃくちゃになるのでは？」これらの主張は、どう考えても正しいように感じられるが、歴史を振り返ってみると「司令塔なしの自分勝手な行動」に基づく市場経済が、経済を運営する上で最も成功してきた。この驚くべき事実を、ミクロ経済学のモデルは部分的に解明したが、いまだに「なぜ自由な市場競争がそんなにうまくいくのか」は完全にわかっていない。

- ☐ 分権的意思決定 ☐ 情報効率性 ☐ 誘因整合性 ☐ F. ハイエク
- ☐ 自由主義経済思想

復習問題：基本中の基本を身につけよう！

A1 余剰とは何か：

(1) 消費者余剰とは何かを、図を使って説明せよ。消費者余剰が、消費者が市場取引から得る便益を表す直観的理由を説明せよ。

(2) 限界費用曲線が右上がりで、固定費がすべてサンク・コストであるときに、生産者余剰と利潤の関係を説明せよ。次にこれを図示し、図示され

た部分がなぜ生産者余剰になるかを説明せよ。
(3) 完全競争均衡における、総余剰（消費者余剰と生産者余剰の和）を図示せよ。
(4) 1単位あたり t 円の**間接税**がかけられたときの市場均衡を図示し、消費者余剰・税収・生産者余剰を図示せよ。また、**死荷重**とは何かを説明せよ。
(5) 問(4)と同じ税収を確保し、なおかつ死荷重を発生させないようにするにはどうしたらよいかを説明せよ。

A2 **余剰分析ができるための条件**：消費者余剰が、「消費者が市場取引から得られる便益を金額で正確に表示したもの」であると言えるためには、**特別ないくつかの仮定**が必要である。どのような仮定があればよいかを説明せよ。また、この仮定と**所得効果**の関係を説明せよ。

A3 **一般均衡モデル**：N 個の財、I 人の消費者と J 個の企業からなる経済全体のモデル（**一般均衡モデル**）は

$$(u^i, w^i, Y^j, \theta_{ij})_{\substack{i=1,...,I \\ j=1,...,J}}$$

と表される。ここで、$u^i(x^i)$ は消費計画 $x^i = (x_1^i, ..., x_N^i)$ に対する消費者 i の効用関数、$w^i = (w_1^i, ..., w_N^i)$ は消費者 i の初期保有量である。

(1) 企業 j の生産計画 $y^j = (y_1^j, ..., y_N^j)$ と**生産可能性集合** Y^j とは何かを説明せよ。企業 $j = 1$ は、第1財の投入1単位あたり、第2財をつねに3単位生産できるとする。企業1の生産可能性集合 Y^1 を図示せよ。
(2) 価格体系 $p = (p_1, ..., p_N)$ の下での企業 j の利潤は、このモデルでどう表されるかを説明せよ。
(3) 企業の持分 θ_{ij} とは何かを説明し、このモデルでの消費者 i の予算制約式を書け。
(4) 第1番目の財を余暇だとする。このとき、消費者 i の**労働供給**は問(3)で求めた予算制約式の中でどのように表現されているかを説明せよ。
(5) このモデルでの第 n 財の**超過需要**とは何かを、式を使って説明せよ。
(6) **ワルラス法則**と超過需要関数の**ゼロ次同次性**とは何かを述べよ。

(7) 一般均衡モデルによると、**資源配分**（誰が・何を・どれだけもらうか、誰が・何を・どれだけ・どうやって作るか）がどのように決まるかを説明せよ。

A4 **価格と物価水準**：一般均衡モデルでは、N 個の財の**価格の比率（相対価格）**は決まるが、価格の大きさ自体は決まらないことを説明せよ。「**超過需要関数のゼロ次同次性**」という言葉を必ず使うこと。現実には物価水準がどのようにして決まっているかを、**ニュメレール（価値尺度財）**という言葉を使って説明し、以上のこととインフレ、デフレ、デノミネーションとの関係を説明せよ。

A5 (1) パレート改善とパレート効率性の定義を述べよ。
(2) パレート効率的な配分の中には、明らかに不公平と思われるものも含まれることがあることを、適当な例を使って説明せよ。
(3) しかし、いかなる立場を取るにせよ、国民一人ひとりの立場に立って何が望ましいかを判断するならば、**望ましい資源配分はパレート効率的でなければならない**ことを説明せよ。

A6 **エッジワースの箱**：第1財（オレンジジュース）10リットル、第2財（コーヒー）5リットルを二人の消費者に配分する問題を考える。二人の消費者は原点に向かって凸の形の無差別曲線を持っているとして、次の問いに答えよ。
(1) エッジワースの箱を使って、（パレート）非効率的な配分を一つ図示せよ。また、その配分をパレート改善する新たな配分全体の集合を図示せよ。
(2) エッジワースの箱を使って、パレート効率的な配分を一つ図示せよ。また、**パレート効率的な配分は一つではなく、たくさんある**ことを図を使って説明せよ。
(3) エッジワースの箱を使って、完全競争均衡を図示せよ。

A7 **厚生経済学の第1基本定理と第2基本定理**とは何かを述べよ（定理が成り立つための詳しい条件は述べなくてよい）。

発展問題と現実への応用　B

★まずは、理論をきっちり理解するための問題を解いてみましょう。

B1「完全競争均衡はパレート効率的である」ことを示す厚生経済学の第1基本定理の証明を読んで、以下の問に答えよ。ただし、x^i と u^i はそれぞれ消費者 i の消費計画と効用関数、y^j は企業 j の生産計画、w^i は消費者 i の初期保有である。

[証明] 価格体系が $p = (p_1, ..., p_N)$、資源配分が $a = (x^1, ..., x^I, y^1, ..., y^J)$ である完全競争均衡を考え、これがパレート効率的でないとすると矛盾が起こることを示す。

もし、この配分がパレート効率的でないと、

$u^i(\bar{x}^i) \geq u^i(x^i)$ がすべての $i = 1, ..., I$ で成り立ち、かつ少なくとも一人については強い不等号（>）が成り立つ

ような、実現可能な別の資源配分 $\bar{a} = (\bar{x}^1, ..., \bar{x}^I, \bar{y}^1, ..., \bar{y}^J)$ があるはずである。このとき、次の二つのことが成り立つ。

① $u^i(\bar{x}^i) > u^i(x^i)$ となる消費者 i については、$p\bar{x}^i > px^i$ でなければならない。
（理由）ア）

② $u^i(\bar{x}^i) = u^i(x^i)$ となる消費者 i については、$p\bar{x}^i \geq px^i$ でなければならない。
（理由）―省略―

以上から、次のことがわかる。

$$\sum_{i=1}^{I} p\bar{x}^i \underset{\text{(①と②より)}}{>} \sum_{i=1}^{I} px^i \underset{\text{(市場均衡より)}}{=} \sum_{i=1}^{I} pw^i + \sum_{j=1}^{J} py^j \underset{\text{(イ) より}}{\geq} \sum_{i=1}^{I} pw^i + \sum_{j=1}^{J} p\bar{y}^j$$

この式のはじめと終わりを見比べると、

$$0 > p\left(\sum_{i=1}^{I} w^i + \sum_{j=1}^{J} \bar{y}^j - \sum_{i=1}^{I} \bar{x}^i\right)$$

となることがわかる。これは、ウ）という事実と矛盾する。すなわ

ち、競争均衡がパレート効率的でないと矛盾が起こることが証明された。

[証明終]

(1) 上の証明ア)、イ)、ウ) の部分を述べよ。

(2) 厚生経済学の第1基本定理が成り立つための条件は、「消費量を連続的に変えることができて、その財の消費量を上げると効用が上がる」ような財が、各消費者にとって最低一つはある、ということである。この条件が成り立たないと、厚生経済学の第1基本定理が成り立たないことを示すなるべく簡単な例を、エッジワースの箱を使って示せ。

★次に、モデルを操作する能力をつけるため、ちょっと計算の問題も解いてみましょう。

B2 交換経済の市場均衡：**A6** において、消費者 $i = 1, 2$ の効用関数が $u^i = x_1^i x_2^i$ で与えられているとする。ここで、x_1^i と x_2^i は、消費者 i の第1財（オレンジジュース）と第2財（コーヒー）の消費量である。

(1) パレート効率的な配分をすべて計算して、これをエッジワースの箱の中に図示せよ（契約曲線を図示せよ）。

(2) 消費者1と2の初期保有量が $w^1 = (4, 3), w^2 = (6, 2)$ であるとする（カッコ内の数字は（オレンジジュースの初期保有量，コーヒーの初期保有量）である）。このとき、競争均衡価格と配分（各消費者の消費計画）を求めよ。

★最後に、市場均衡モデルは、現実の経済問題を考えるために役に立つのか？がわかるような問題を解いてみましょう。

B3 レタスの需要曲線の推定：平成16年の秋口では、曇天や長雨、台風の影響で野菜の収量が大幅に減り、価格が暴騰した（平成10年以来の最高値）。表1は、この時期のレタスの小売価格である。値段はおおよそ2倍（！）にはね上がっている。

(1) 縦軸に価格、横軸に数量を取って、各月の（数量、価格）がどこにくるかを図示せよ。（縦・横軸に目盛りを正確に打つこと。グラフ用紙を使うとよいでしょう。）

(2) 仮に、問(1)で描いた三点に大体当てはまるような直線を引くことで、レ

	1店舗あたり小売数量 (kg)	小売価格 (円/kg)
平成16年8月	411	301
平成16年9月	357	340
平成16年10月	197	564

表1 レタスの小売価格

出所）農林水産省『全国主要7都市における主要野菜の小売価格・販売動向』より（H17.4.28発表）

タスの需要曲線を推定したとする。この直線を問(1)の図に描き加えよ。（直線を当てはめる方法はいろいろありますが、ぱっと見て大体当てはまっているものを書いてもらえばよいです。）

(3) 問(2)で「推定された」需要曲線の傾きの大きさ[1]は、真の需要曲線の傾きを過大、あるいは過小に評価していないだろうか？ 著者には、このやり方では過大に評価しており、レタスの需要曲線の傾きはもっと小さいように思われる。これがどうしてかをよく考えて、納得のいく説明を探してほしい。ここでは、『ミクロ経済学の力』（pp.161-163）にある**需要と供給の識別**の話を思い出して、これを参考にしながら次のように考えてみよ。

表1のデータをプロットした図に、各月の需要と供給をグラフに描き入れると、どのようになっているかを考えてみよ。**供給曲線は特別な形**をしているのではないだろうか？ また、需要曲線は8月から10月の間は大体同じと考えていいのだろうか？ それとも、シフト（移動）していそうだろうか？ シフトするとしたら、**特定の方向にシフトする大きな理由**がないだろうか？

〔ヒント：需要曲線の位置を決める大きな要因の一つは所得ですが、これは8月から10月の間はほぼ一定でしょう。その他に、レタスの需要に大きな影響を及ぼすもので、この期間に大きく変わったものは何でしょうか？〕

以上のことをよく考えて、各月の真の需要・供給と、問(2)で推定した需要曲線の関係を図示して、問(2)で求めた需要期曲線は真の需要曲線より価格にあまり反応しない（より傾きの大きさが大きい）ように誤って

---

[1] 需要曲線の傾きはマイナスなので（たとえば -3）、その符号をプラスに直した大きさ（たとえば3）のこと（つまり傾きの絶対値）。

推定されていることを説明せよ。

B4 国民全員に利益が行き渡るようにして、コメの輸入自由化にソフトランディングする現実的な方法は？　自分が政策担当者になったつもりで考えてみましょう！：コメの輸入自由化は、日本国民全体の総余剰を上げるので、自由化で得をする消費者が損をする農家を補償すれば、国民全員が自由化によって得することができる。(『ミクロ経済学の力』pp.193-195)。具体的には、自由化によってコメの値段が t 円だけ下がったら、

- 各消費者からは、「自由化前の消費×t」を一括固定税で徴収し
- 各農家には、「自由化前の生産量×t」を一括補助金として与える

と、国民全員が得をすることがわかった。

しかし、このような細かな所得分配をすること（これを、仮に「ファースト・ベスト」と呼ぼう）は、政治的にも制度的にも困難である。では、ファースト・ベストと（完全には同じではないが）似た効果を持つ、より現実的な「次善の策」がないかどうか考えてみよ。

B5 望ましい税制を考える：消費税も所得税も一括固定税ではないため、非効率性を生み出す。では、消費税と所得税、どちらのほうがより非効率性が少ない、よい税制なのであろうか？

消費税はさまざまな消費財に、所得税は所得にかかるものなので、両者を比較するには、一つひとつの市場を別々にみる部分均衡分析（一つの市場の需要曲線と供給曲線による分析）では無理で、**経済全体を見渡す一般均衡分析**が必要になる。

そこで、**A3** の一般均衡モデルを考え、財1を余暇・労働とする。また、簡単化のため消費者は余暇以外の初期保有を持たず、また企業は労働だけを投入して消費財 $n = 2, 3, ..., N$ を作っているとする。

(1) 企業が直面する価格体系を $p = (p_1, ..., p_N)$ とするとき、消費税が8％で所得税がない場合の各消費者の予算制約式を書け。

(2) 企業が直面する価格体系を $p = (p_1, ..., p_N)$ とするとき、消費税ゼロで、（労働所得と利潤所得の両方にかかる）所得税が $t \times 100$ ％であるときの、

消費者の予算制約式を書け。現実の所得税率 t は、所得水準が高いほど高くなる「累進課税」であるが、ここでは定率の所得税を考える。

(3) 問(1)と問(2)の答えを見比べると、消費税は、**実は定率の所得税と同じである**、ということがわからないだろうか？　8％消費税と同じ効果をもたらす所得税率 t はいくらか。

(4) 消費税と所得税はどちらが優れているのか？というのは、実務上大きな論争になっている。このとき、まず押さえておかねばならないのは、

- 税金は、かけかたによっては大きな非効率性を生み出す
- 消費税と所得税には問(3)でみたような一定の関係がある

という基本的なポイントである。このように、ミクロ経済学・一般均衡モデルは、現実の重要な問題を考えるのに、重要な洞察を与えてくれる。そこで、問(3)での結論を踏まえて、消費税と所得税は現実においてはどちらがいいのか？を自由に論ぜよ。

B6 政策評価にミクロ経済学をどう使うかのポイントを要約した超重要問題です。政策立案とその評価のために経済学を勉強している人は、必ず解いてみましょう!!：老人医療費補助制度の非効率性とそれを正す政策について、次の三つの順番で、より一般的で満足のいく経済分析をするにはどうしたらよいかを考えてみよう。

① 老人と政府（納税者）だけを考える。
② 老人と医者・製薬会社、政府（納税者）を考える。
③ ②に加え、製薬会社へ原材料を納入している業者や、老人医療保障制度の変更によって老人の消費パターンが変化することにより影響を受ける産業などへの波及効果をすべて考える。

これらのことを考えるための分析道具が

① は無差別曲線図
② は部分均衡分析（需要と供給による余剰分析）
③ は一般均衡分析（厚生経済学の基本定理）

である。

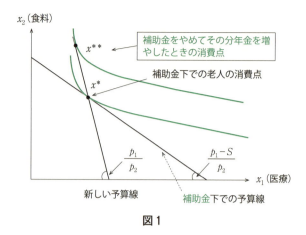

図1

(1) まず①は、『ミクロ経済学の力』p.29でも説明した、図1から分析できる（図中のSは補助金率を表す）。

医療補助金を廃止してその分だけ年金を増やすと、なぜ予算線が図1のように変化するかを説明し、その結果

- 納税者の負担は変えずに
- 老人の満足を上げられる

ことを説明せよ。

(2) 医療費補助をやめると、補助金で潤っていた医者・製薬会社が損をするのだが、先の分析ではこれを考慮していない。そこで、②医者・製薬会社への影響を、医療市場だけをみる**部分均衡分析（余剰分析）**で考えてみよう。

簡単化のため、薬を買うのは老人だけだとする。医療市場の均衡を示した図2を使って

- 補助金による余剰の損失（死加重）は図2のどこで表されるか（またそれはなぜか）
- 納税者の負担を変えずに、老人と製薬会社の満足を上げるにはどうしたらよいか

を説明せよ。

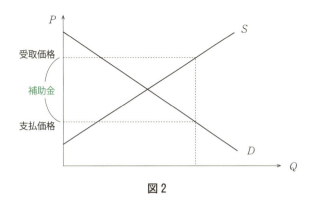

図2

(3) 医療費の補助を廃止すると、薬の消費が減って製薬会社へ原材料を売っているさまざまな業者に影響が及び、薬が高くなったせいで健康食品業者が儲かるかもしれない。これらのさまざまな波及効果は、問(2)の部分均衡分析（余剰分析）では捉えられない。また、老人の満足を消費者余剰で表すには、特殊な仮定（老人の効用関数が「準線形」である＝所得効果がない）が必要である。これらの問題を解決する最も一般的な分析③をするにはどうしたらよいだろうか。「補助金制度を廃止し、一括所得移転をすることによって、（製薬会社、製薬会社へ原材料を売っている業者、健康食品業者、納税者などすべてを含む）国民全員の満足を上げることができる」ことを、「効率性の条件」「厚生経済学の第2基本定理」というキーワードを使って説明せよ。

B7 頭の体操　**風邪の流行と総余剰**：10月には風邪をひいた人がいなかったので、風邪薬はまったく売れなかったが、11月になると風邪が大流行し、風邪薬が売りに売れた。

　風邪薬市場をみると、10月は総余剰がゼロ、11月は大きな総余剰が生み出されている。これをみてA君は次のように考えた：「大きな総余剰が生み出された11月のほうが、10月より良い状況である。」

　A君の考えはどこかおかしいのだが、どこがおかしいか考えてみよ。

〔ヒント：風邪をひいた人は、1単位だけ風邪薬を飲むと風邪が完全に治るとします。1単位の風邪薬に支払ってよいと思う金額は人によって違うと考えて、需要曲線を解釈してみましょう。〕

経済学　ビフォー　アフター　C

　本書pp.2-3の「経済学ビフォーアフター」において、「いくつかの経済問題を、自力で考えてみよう」という出題したのを覚えているだろうか。そのうちのいくつか（ 5 2 1 6 4 9 11 ）を以下に挙げ、東京大学の受講生の意見分布と、「正解」と言えるものを教える。なぜ「正解」が正しいかを、部分均衡分析（需要・供給・総余剰）と一般均衡分析を使って考えてみよ。

C1 すでに作成された音楽はすべて、無料でダウンロードできるようにするほうが世の中のためになる。
〔学生の意見〕経済学 ビフォー **正しい**（5％）、**間違いである**（95％）
〔正　　解〕経済学 アフター **正しい！**：常識をひとまず置いて、部分均衡分析を使って考えてみると、すでに作ってしまったものについては、タダで配信するのが社会全体のためになることがわかる（**これから作る**音楽をタダにすると、もちろん「誰も音楽を作ろうとしなくなる」という悪影響はあるが、**すでに作ってしまった**ものは、タダで配信したほうが世の中のためになるのである）。

C2 銀座や表参道のレストランが高いのは、銀座や表参道の地価・家賃が高いからである。
〔学生の意見〕経済学 ビフォー **正しい**（50.4％）、**間違いである**（49.6％）
〔正　　解〕経済学 アフター どう考えても正しいように思えるが、これは**明確に間違い**であり、正しい**因果関係は逆**で、「銀座のレストランが高いので銀座の家賃が高い」である。以下の手続きに従って考えてみよう。
　銀座には多数の同質なレストランがあり、1店舗あたりの土地の大きさを$\overline{X}$とする（簡単化のために銀座にはレストランしかないとする）。また、議論をみやすくするために土地の単位を適当にとって、1単位（1人前）の食事を供給するスペースとして土地が1単位必要であるとしよう。
(1) 土地1単位あたりの地代rが低いときの、レストランの供給と土地需要を示したのが図3である。1単位の食事の供給には1単位の土地が必要なので、供給量＝土地需要であることに注意せよ。このままでは、銀座

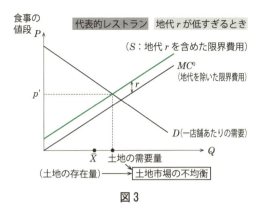

図3

の土地に超過需要が生じている。銀座の土地市場を均衡させるには地代 r を上げる必要があることがわかるだろう。均衡状態がどうなるかを図示せよ。

(2) 問(1)の答えを使って

　銀座のレストランの人気がなくなって、高い値段が付けられなくなる
　　⇒　銀座の地代が安くなる

ことを示せ。

(3) こう言われても、**何かまだだまされているような気分が残るので、**

　　　銀座の地代を安くしても　⇒　レストランは安くならない

ことを示してみよう。いま、政府が介入して、各レストランにタダで銀座の土地を $\bar{X}$ だけ配ったとき、レストランの値段がどうなるかを、図を使って考えよ。

C3 スマートフォンはもはや生活必需品だ。よって、政府が補助金を出して、誰もがもっと安価に使えるようにするほうが、世の中のためになる。
〔学生の意見〕 経済学 ビフォー **正しい**（22%）、**間違いである**（78%）
〔正　　解〕 経済学 アフター **間違いである**：いくら生活に必要なものであっても、補助金を出すと社会全体に損失が出てしまう。

C4 (1) 日本の産業は日本経済を支える土台であるので、これをしっかり育成する必要がある。したがって、安い外国製品が日本産業を過度に弱体化させることがないように、輸入が適正な水準になるよう制限したほうがよい。

(2) いやいや、(1)の主張は間違いだ。そのようなことをすると、国内産業は得をするが、消費者は外国の安い製品が買えなくて損をする。前者が大きいか後者が大きいかはケースバイケースなので、どちらが大きいかしっかり調査して、国内産業の損が消費者の得を上回るときにのみ、(1)の政策を発動すべきである。

〔学生の意見〕 経済学 ビフォー (1) **正しい** (26.7%)、**間違いである** (73.3%)
(2) **正しい** (60.6%)、**間違いである** (39.4%)

〔正　　解〕 経済学 アフター 「(1)はちょっと怪しいが、(2)は正しい」というように思えるが、**両方とも間違い**である。

このことを考えるために、ある産業の国内の需要曲線が右下がりで、国内供給曲線が右上がりである状況を考え、輸入が禁止されている場合の国内市場の均衡をまず図示せよ。

次に、国内市場均衡価格よりも安い価格で、いくらでも海外から輸入ができるとしたときの均衡を図示せよ。この図を使って、輸入自由化によって消費者が得る自由化の利益が、国内の産業が被る損失を必ず上回る（したがって「ケースバイケース」なので調査が必要ということはなく、**国全体としては必ず得する**）ことを説明せよ。

C5 建設費を償却し終わった高速道路はタダにすべきである。

〔学生の意見〕 経済学 ビフォー **正しい** (12.4%)、**間違いである** (87.6%)

〔正　　解〕 経済学 アフター **間違い！**：「建設費を償却する前は高速料金を取り、償却し終わったらタダにする」というやり方には問題がある。これはなぜか説明せよ。

C6 政府は、これからの日本にとって重要な産業分野を慎重に選び、そのような産業に対して積極的な経済支援を行うことが望ましい。

〔学生の意見〕 経済学 ビフォー **正しい** (75%)、**間違いである** (25%)

〔正　　解〕 経済学 アフター **間違い！**：このような考え方を持つ政治家

が大衆の支持を得て出現し、やがて経済運営が期待外れに終わって退陣するということが定期的に繰り返されてきた。経済学部に進学した学生の多くが、上記の意見を「正しい！」と直感的に思ってしまうことからも納得できる現象である。この考えのどこがおかしいかを理解することが、ミクロ経済学を学ぶ最も重要な目的の一つである。

(1) 上で掲げた政策の目的は、国民を幸福にすることであるはずである。そうならば、目標とする状態はパレート効率的でなければならないことを説明せよ。
(2) 問(1)と厚生経済学の第2基本定理から、政策の目標となる状態を達成するには重点産業の支援をする必要がないことを示せ。重点産業を健全に育成するために政府がなすべき政策は何だろうか。
(3) 重要な産業、たとえばIT産業の生産物1単位あたり s 円の補助金を出したとすると、パレート効率性の条件が損なわれ、政策の目標が達成できないことを、**限界変形率**という概念を使って示せ。

C7 世界中の地域に外国製品や外国企業が進出する経済のグローバル化が進んでいるが、これによって得をするのは主にアメリカのような経済大国や富裕層である。グローバル化とは、このような「勝ち組」が、その強大な政治力・権力を利用して「負け組」の国や地域を支配することにほかならない。
〔学生の意見〕 経済学 ビフォー 正しい（25％）、**間違いである**（75％）
〔正　　解〕 経済学 アフター **間違い！**：このような意見はネット上にあふれているが、グローバル化の本質は他のところにある。この点を、一般均衡理論を用いて説明せよ。

 ## 解答

復習問題

A1 当たり前すぎるほど基本的なことですが、きちんと説明できるかどうかやってみましょう。

(1) 図4(a)を参照。これが、消費者が市場取引から得る利益を表す直観的な理由は、次の通りである。

　　需要曲線の高さは、消費者が消費する財の各単位にどれだけお金を払

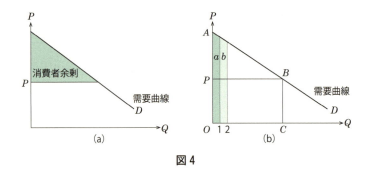

図4

ってよいかを示すものとみることができる。つまり、最初の1単位には図4(b)のaだけ、次の1単位には図のbだけを支払ってもよいと消費者は思っている。これらを合計した図の$OABC$の面積が、C単位の消費をするときに消費者がどれだけ得しているかを表している。

一方、C単位の消費の各単位を買うにはP円かかるので、消費者の支払いは$P \times C = OPBC$の面積に等しい。したがって、両者の差である三角形PABが、消費者が市場取引から得る純利益（消費者余剰）となる。

(2) 利潤は、

$$\text{利潤} = \underbrace{\boxed{収入 - 可変費用}}_{A} - \underbrace{固定費用}_{(サンク・コスト)}$$

である。固定費用は、たとえ生産をしなくてもどうしても支払わなければならないもの（サンク・コスト）なので、生産者の得る便益を考えるときには、この「どうしても支払わなければならない部分」を除いて考えたほうが便利である。このAの部分を生産者余剰と言う。つまり、生産者余剰とは、サンクされた固定費用を差し引く前の利潤である。これは、図5(a)のように図示される（このように図示された生産者余剰から、サンクされた固定費用を引くと、利潤になる。サンクされた固定費用がないなら、生産者余剰は利潤と同じである）。

これが生産者余剰となる理由は、次の通りである。限界費用曲線が右上がりであり、固定費用がサンク・コストである場合には、価格と限界費用が等しくなる水準まで供給するのが最適である。つまり、供給曲線は限界費用曲線である。すると、1単位目を作る可変費用が図5(b)のa、

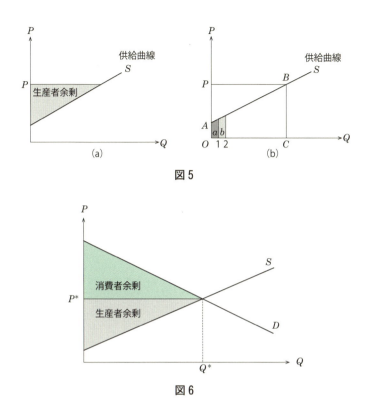

図5

図6

2単位目がbであるから、これらを合計した$OABC$が可変費用である。一方、収入は$P×C = OPBC$であるので、両者の差が生産者余剰（収入－可変費用）である。

(3) 図6を参照。

(4) 図7を参照。図6の完全競争のときと比べると、総余剰が黒い三角形の部分だけ減っている。この、総余剰の減少分を死荷重と言う。

(5) 同じ税額を<u>一括固定税</u>として徴収し、間接税を廃止すればよい。一括固定税とは、需要量や供給量などの経済活動の水準とは無関係に、一定額を徴収する税金のことである。

A2 部分均衡分析でみている財の消費量をQとしたとき、消費者余剰が消費者の利益を正確に表すための条件は、以下の二つである。①Qを消費した後に残った金額mを最適に使って得られる効用が

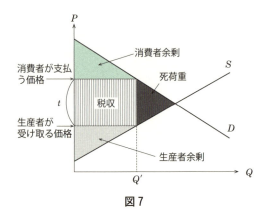

図7

$$u(Q)+m$$

という形（**準線形の効用関数**）をしており、かつ、②所得が十分にたくさんあって、限界効用と価格が等しくなるような量 Q（$u'(Q) = P$）をつねに買うことができる。

これらの仮定の下では、所得が変化しても消費量（需要量）$Q(P)$ は変化しないので、**所得効果はゼロ**である。

コメント 勉強のコツ（理論を身につけるための、一番の近道を教えます!!）：理論モデルをよく理解するには、**自分で紙に手でモデルを書いてみることがきわめて有効**です。「これは知っているから」ですますのではなく、自分できちんと記号を定義して、きちんとモデルが書けるかどうかを試すことがポイントです。次の問題については、解答を読み飛ばすのではなく、実際に紙にモデルを書いてみましょう！

A3 (1) 生産計画 $y^j = (y_1^j, ..., y_n^j)$ は企業 j の産出と投入を表すもので、その n 番目の要素が正ならば（$y_n^j = k > 0$）、企業 j は財 n を k 単位産出していることを示す。また、y_n^j が負ならば（$y_n^j = -k < 0$）、企業 j は財 n を k 単位投入していることを示す。生産可能性集合 Y^j とは、企業 j が実行で

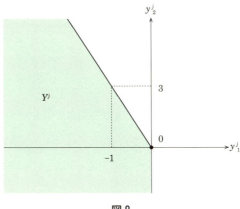

図8

きる生産計画全体の集合である。不要な財はコストをかけずに処分できるとすると（これをfree disposalの仮定と呼ぶことがある）問題で与えられた生産可能性集合は、図8のようになる。

(2) 企業 j の利潤 $= py^j = p_1y_1^j + \cdots + p_N y_N^j$

(3) θ_{ij} とは、企業 j の利潤が消費者 i に分配される割合である。消費者 i の一般均衡モデルにおける予算制約式は、消費者 i の消費計画を $x^i = (x_1^i, ..., x_N^i)$、初期保有量を $w^i = (w_1^i, ..., w_N^i)$ として、

$$px^i = pw^i + \sum_{j=1}^{J} \theta_{ij} py^j(p)$$

と表される。

(4) 第1財を余暇、第1財の初期保有量を利用可能な時間（24時間）とすると、労働時間（＝労働供給）は「24時間 − 余暇 $= w_1^i - x_1^i$」で表される。また、第1財の価格 p_1 は労働賃金を表すものと解釈する。問(3)で求めた予算制約式を書き直すと

$$\underbrace{p_2 x_2^i + \cdots + p_N x_N^i}_{\text{支出}} = \underbrace{p_1(w_1^i - x_1^i)}_{\text{労働所得}} + \underbrace{(p_2 w_2^i + \cdots + p_N w_N^i)}_{\text{初期保有財からの収入}} + \underbrace{\sum_{j=1}^{J} \theta_{ij} py^j(p)}_{\text{利潤の分配}}$$

という形で、労働供給と労働所得が予算制約式に組み込まれている。

(5) 価格体系 p の下での企業 j の最適生産計画を $y^j(p) = (y_1^j(p), ..., y_N^j(p))$、消

費者 i の最適消費計画を $x^i(p) = (x_1^i(p), ..., x_N^i(p))$ とすると、第 n 財の超過需要は

$$z_n(p) = \sum_{i=1}^{I} x_n^i(p) - \sum_{j=1}^{J} y_n^j(p) - \sum_{i=1}^{I} w_n^i$$

と表される。

(6) ワルラス法則とは、各財の超過需要の金額の合計がつねにゼロになるということである。つまり、

$$\text{すべての } p \text{ について } p_1 z_1(p) + \cdots + p_N z_N(p) = 0$$

また、超過需要関数のゼロ次同次性とは、すべての価格が $t > 0$ 倍になっても、各財の超過需要は変わらないという性質である。つまり、

$$\text{すべての } t > 0, p, n \text{ について } z_n(tp) = z_n(p)$$

(7) 市場経済では、すべての市場を均衡させる価格体系 p^* が条件

$$z_1(p^*) = 0, ..., z_N(p^*) = 0$$

によって決まり、これに従って、「誰が・何を・どれだけもらうか」を表す $x^1(p^*), ..., x^I(p^*)$ と、「誰が・何を・どれだけ・どうやって作るか」を表す $y^1(p^*), ..., y^J(p^*)$ が決まる（つまり、資源配分が決まる）。

A4 価格体系 p^* が、すべての市場を均衡させるという条件

$$z_1(p^*) = 0, ..., z_N(p^*) = 0$$

を満たすならば、超過需要関数 z_n のゼロ次同次性によって、すべての $t > 0$ に対して価格体系 tp^* も、すべての市場を均衡させる。つまり、

$$z_1(tp^*) = 0, ..., z_N(tp^*) = 0$$

したがって、市場均衡によって価格の比率（相対価格）は決まるが、その絶対的な水準は決まらない。物価水準は通常、ある特定の財の価格を1と置くことで決まっている。そのような財をニュメレールと言う。現在の日本では1円玉という財をニュメレールとして（1円玉の価格を1円として）物価水

準が決まっている。

「均衡価格体系 p^* から出発して、すべての財の価格が t 倍になっても市場は均衡したままである」という事実は、通貨単位の呼び方を変える「デノミネーション」をやっても市場均衡に影響しない、という事実に対応している（今の100円を1円と呼び変えても、実質的な影響はない）。これは、物価水準が高騰（下落する）インフレーション（デフレーション）とは異なる。インフレ・デフレは、通貨（1円玉）の価値は変わらず（1円のまま）、それ以外の財の価格がいっせいに t 倍になるような状況を表している。

A5 (1) 誰の効用も下げることなく、誰かの効用を上げることをパレート改善と言う。もはやパレート改善ができない状態をパレート効率的な状態と言う。

(2)「どの財についても、消費量が増えれば効用が増える」ということがすべての消費者について成り立っているとき、「すべての財を一人の消費者が全部消費する」という極めて不公平な状態も、定義によってパレート効率的である。

(3) もし、「望ましい状態である」とされるものがパレート効率的でないとすると、「誰の効用も下げることなく、誰かの効用を上げる」ような、別の状態があることになる。国民一人ひとりの立場に立って「どんな社会状態が望ましいか」を判断するなら、そのような別の状態に移ったほうがよいことになる。つまり、国民一人ひとりの幸福をもとに望ましい社会状態を考えるならば、どのような価値判断をするにせよ、望ましいとする状態はパレート効率的でないとおかしい。

A6 図9を参照。

A7 厚生経済学の基本定理は、経済学における最も重要な結果です。きちんと正確にその内容を言えるようにしましょう!!

[厚生経済学の第1基本定理]
　　完全競争均衡によって決まる資源配分は、パレート効率的である。

[厚生経済学の第2基本定理]
　　どのようなパレート効率的な資源配分も、完全競争的な市場と政府の一

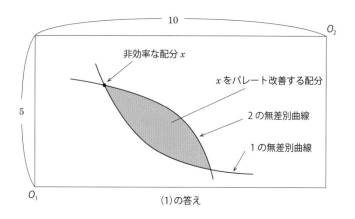

(1)の答え

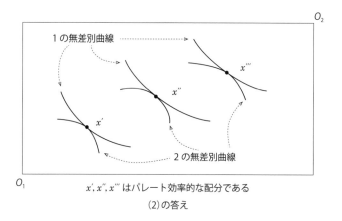

x', x'', x''' はパレート効率的な配分である

(2)の答え

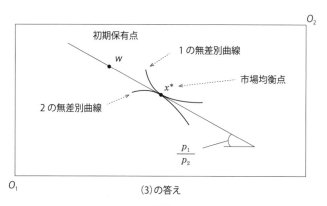

(3)の答え

図9

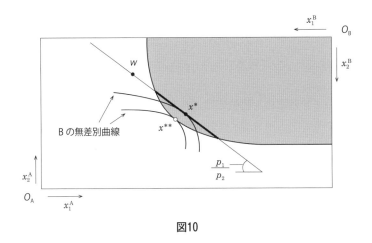

図10

括固定税と一括補助金による所得再分配政策の組み合わせによって実現できる。

発展問題と現実への応用

B1 (1) ア) もしそうではなく、逆の関係 $p\bar{x}^i \leq px^i$ が成り立つとすると、価格 p の下で x^i よりも高い効用を与える別の消費計画 $\bar{x}^i$ も予算内で実現できることになり、これは x^i が p の下で効用を最大化する消費計画であることに反する。

イ) y^j が p の下で利潤 py^j を最大化することから、$py^j \geq p\bar{y}^j$ が成り立つこと

ウ) 資源配分 $(\bar{x}^1, ..., \bar{x}^I, \bar{y}^1, ..., \bar{y}^J)$ が実現可能であること ($\sum_{i=1}^{I} w^i + \sum_{j=1}^{J} \bar{y}^j - \sum_{i=1}^{I} \bar{x}^i \geq 0$) と価格が負でないこと ($p > 0$)

(2) 図10を参照。Aの効用は図の右上に行くほど上がるが、図の灰色の部分に到達すると**効用が飽和して**（もうそれ以上財が欲しくなくなり）、どの部分も効用が同じである（したがって、この部分ではAは「消費量を増やすと効用が上がる」ような財を持たないことになり、第1基本定理の条件が満たされていない）。この図の価格体系において、消費者Aの需要は1点ではなく、図の太線の部分はどれもAにとって最適な需要量になっている。そこで、配分 x^* はこの価格体系の下で**市場均衡になっている**（x^* において各人は効用最大化しており、かつ需給がバランスしている）。

しかし、別の配分 x^{**} はこの配分 x^* をパレート改善している（Aの効用を下げることなく、Bの効用を上げている）。したがって、完全競争均衡配分 x^* はパレート非効率であり、第1基本定理が成り立っていない。

B2 (1) パレート効率的な状態では消費者1、2の限界代替率が等しくなっている。そこで、消費者 i の限界代替率を計算すると、消費の理論のところで習った通り、限界代替率は限界効用の比率なので、

$$MRS_{12}^i = -\left.\frac{dx_2^i}{dx_1^i}\right|_{u^i=一定} = \frac{\partial u^i/\partial x_1^i}{\partial u^i/\partial x_2^i} = \frac{x_2^i}{x_1^i}$$

である。消費者1の消費量を (x_1^1, x_2^1) とすると、消費者2の消費量は $(x_1^2, x_2^2) = (10-x_1^1, 5-x_2^1)$ である（第1財と第2財の存在量 $(10,5)$ から、消費者1の消費量を差し引いたものを消費者2が消費する）。これから、二人の消費者の限界代替率が等しい（$MRS_{12}^1 = MRS_{12}^2$）というパレート効率性の条件を書くと、

$$\frac{x_2^1}{x_1^1} = \frac{5-x_2^1}{10-x_1^1}$$

となる。これから、

$$x_2^1(10-x_1^1) = x_1^1(5-x_2^1) \Leftrightarrow 10x_2^1 = 5x_1^1$$

である。つまり、パレート効率的な点は

$$x_2^1 = \frac{1}{2}x_1^1 \tag{1}$$

を満たす点であり、これはエッジワースの箱の対角線に当たることがわかる（これがこの問題での契約曲線である）。また、これらパレート効率的な点での各消費者に共通の限界代替率はつねに $\frac{x_2^i}{x_1^i} = \frac{1}{2}$ である（図11(a)）。

(2) 競争均衡状態は図11(b)のようになっている。問(1)で求めたように、競争均衡配分 $\bar{x}$ での各消費者共通の限界代替率は $\frac{1}{2}$ であり、これが競争均衡価格の比率 $\frac{p_1}{p_2}$ になる。消費者1の均衡消費計画 $(\bar{x}_1^1, \bar{x}_2^1)$ を計算するためには、これが上で求めた(1)式と予算制約式

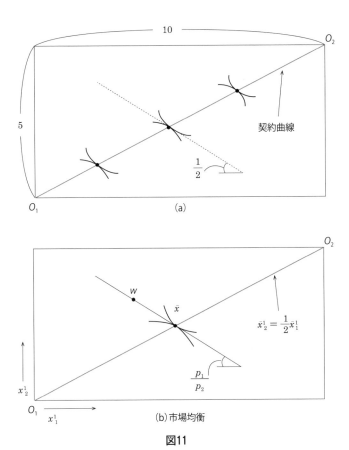

図11

$$p_1\bar{x}_1^1 + p_2\bar{x}_2^1 = p_1 w_1^1 + p_2 w_2^1 = 4p_1 + 3p_2 \tag{2}$$

の二つの式を満たすことを使えばよい。(2)式の両辺を p_2 で割り、$\frac{p_1}{p_2} = \frac{1}{2}$ を使うと

$$\frac{1}{2}\bar{x}_1^1 + \bar{x}_2^1 = 5 \tag{3}$$

(1)式と(3)式の辺々を足すと、$\frac{1}{2}\bar{x}_1^1$ が相殺されて消えて $2\bar{x}_2^1 = 5$、つまり

$$\bar{x}_2^1 = \frac{5}{2}$$

である。これと(1)式より、

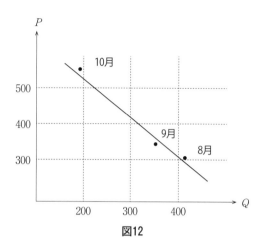

図12

$$\bar{x}^1_1 = 5$$

となり、消費者1の均衡消費量が求められた。消費者2の均衡消費量は、$(\bar{x}^2_1, \bar{x}^2_2) = (10-\bar{x}^1_1, 5-\bar{x}^1_2) = \left(5, \frac{5}{2}\right)$ である。

B3 (1)(2)図12を参照。

(3) 毎月の供給量は、畑でできたものを収穫して出荷するのみなので、価格に反応しない垂直なものになっていると考えられる。また、天候不順によってすべての野菜の値段が上がっており、とくにレタスの代わりになる（レタスの代替財である）キャベツやサラダ菜などの値段も上がっているはずである（ここがポイントです）。よって、8月から9月にレタスの値段が340円に上がったときに、仮にキャベツやサラダ菜などの値段が安いままだったら、高いレタスから安いままのキャベツなどの代替財に乗り換えが起こるので、レタスの需要は現実（図13の「9月」という点）よりもっと落ちていたはずである（図13の点 A）。つまり、

- 「8月の真の需要曲線」は、「**レタスの値段だけが上がったときにレタスの需要がどうなるか**」を表すものなので、点 A を通るもっと傾きが緩やかなもので、
- キャベツやサラダ菜の値段が上がった9月には、（**キャベツやサラダ菜**

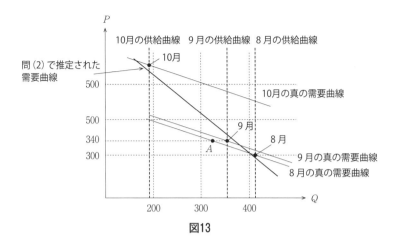

図13

の値上げによって）需要曲線が右にシフトして（つまり、代替財であるこれらの値段が上がるため、レタスの需要が増えて）、図13の「9月」という点を通るようになっている。

10月についても同様であり、レタスの代替財であるキャベツやサラダ菜の価格の上昇によって、キャベツの真の需要曲線は図13のように毎月シフトしており、その傾きは問(2)で推定された需要曲線の傾きよりも緩やかになっていると推測される（その正確な形状は表1のデータだけからはわからない）。

B4 これが正解！という答えがあるわけではないが、一つのやり方としては、「コメの輸入を自由化し、消費者が支払うコメ価格が自由化前と同じ水準になるような間接税をコメにかけ、その税収を補助金として農家に支給して米作からの転業を支援する」ことである。

図14(a)は自由化前のコメ市場を表したものである。自由化すると図14(b)のように価格が t だけ下落し、そのままでは多くの米作農家は損害を受けてコメ生産から撤退する。そこで、「コメの輸入を自由化するが、コメに間接税を t だけかけて、消費者が支払うコメ価格が自由化前と同じになるようにする」と、図14(c)のようになる。この税収を、**自由化前のコメ生産に比例して米作農家に補助金として支給すると**、

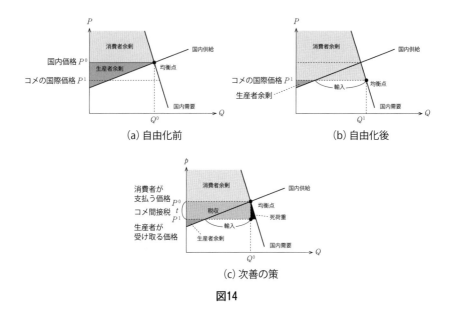

図14

- 各消費者からは、「自由化前の消費×t」を徴収し
- 各農家には、「自由化前の生産量×t」を補助金として与える

ことで、「ファースト・ベスト」と同じ所得移転ができる。ファースト・ベストとの違いは、これらが一括所得移転ではなく間接税で実現されているため、図14(c)の「死荷重」の部分だけ余剰の損失が出ることである[2]。ただし、コメの需要は価格に対してかなり非弾力的なので(価格が変動してもあまり需要は変わらない)、この死荷重は小さい。

この「次善の策」の前後で各人の状態を比べると、

① 消費者は自由化前と同じ(支払うコメ価格が変わらないので)
② 生産性の低い農家ほど補助金によって自由化前より得をする(効果的な転業への支援になる)

ことがわかる。②がなぜ成り立つかを示したのが図15である。

---

2 これに対し、ファースト・ベストでは、図14(b)の総余剰(灰色の領域)がすべて実現する。

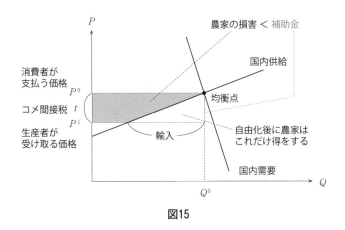

図15

　図15の灰色の部分が自由化による損害（生産者が受け取る価格が P^0 から P^1 に下落することによる生産者余剰の減少）であるが、補助金の額（図の四角形）はこれより大きい。とくに、損害より大きい補助金を得ることができるのは（図15の「自由化後に農家はこれだけ得をする」という白い三角形の部分を受け取るのは）、生産の限界費用が高い（生産性の低い）農家である。

　自由化による国益（総余剰の増加）のほとんどの部分は「高いコメ生産の費用を国民が負担しないですむことによる利益」（＝図15の白い三角形の部分）であり、この「次善の策」は、この利益をまずは農家に優先的に還元しようというものである。

　このような政策を数年続けて生産性の低い農家の転業を支援し、漸次コメ間接税を下げていくことで、コメ市場開放の利益が国民全体に行き渡るようになり、完全自由化の状態に行き着くことができる。

　しかし、このようにしてコメの輸入をただちに自由化すると、国内生産はいきなり激減するので、「コメに輸入関税を課して輸入が急増しないようにし、その上にコメ間接税をかけて消費者が支払うコメ価格を自由化前と同じ水準にする」と、よりソフトランディングができるようになる（図16）。

　輸入関税のおかげで図15より輸入量が抑えられ、米作から撤退する農家が少なくなっていることに注意されたい。図16の間接税収入を自由化前のコメ生産量に比例して農家に与えるなら、図14(c)の政策と同様に「消費者は損をせず、農家は得をする」ことができるようになる（図16の関税収入も農家

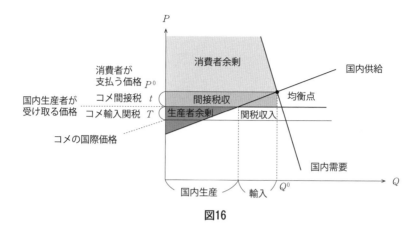

図16

に与えて転業の支援とする)。数年をかけて図16の輸入関税を減らしていき(しかし、消費者がコメに支払う価格は自由化前と同じ水準に固定するように間接税を調整すれば)、いずれ図14(c)のように生産性の低いコメ生産が輸入にとって代わる状態に(よりスムースに)行き着くことができるだろう。

B5 (1) p_1 を労働賃金、L^i を消費者 i の労働供給とすると、消費税 8 ％の下での消費者 i の予算制約式は、企業が直面する価格を $p_1, ..., p_N$ とすると

$$1.08(p_2 x_2^i + \cdots + p_N x_N^i) = p_1 L^i + \sum_{j=1}^{J} \theta_{ij} p y^j$$

である。

(2) 利潤分配も含めた所得全体に税率 t の所得税がかかっているときの消費者 i の予算制約式は、企業が直面する価格を $p_1, ..., p_N$ とすると

$$p_2 x_2^i + \cdots + p_N x_N^i = (1-t)\left(p_1 L^i + \sum_{j=1}^{J} \theta_{ij} p y^j\right)$$

である。

(3) 問(1)と問(2)の予算制約式を見比べると、

$$\frac{1}{1.08} = 0.926 = 1-t$$

つまり $t = 0.074$ であるならば予算制約式は同じとなり、消費者と企業の行動は消費税 8 ％のときと同一となる。つまり、消費税 8 ％は所得税7.4％と実質的に同一なのである。

(4) 消費税も所得税も一括固定税ではないので、資源配分の非効率性を生み出す。しかし、問(3)のように所得税率を定めると、消費税と所得税は実質的に同じであり、資源配分効率の面から両者の優劣はつけがたい。しかしながら、税金をどれだけきちんと徴収できるかについては両者には差がある。自営業など特定の業種では所得を税務署が完全に把握するのは難しく、所得税は一部の業種の人たちだけがあまり納めずに済んでいるという、不公平性がある。これに対して消費税は、誰に対しても同じだけ課税されるので、このような不公平性が少ない。これが、消費税が課税方法として広く用いられている理由の一つである。(一方、所得税は金持ちほど税率を重くするということ(「累進課税」という)ができるが、消費税ではこれができず、金持ちにも貧しい人にも同じ割合で税負担をさせてしまうという欠点がある。)

B6 (1) 補助金を廃止してその金額だけ年金を増額すると、やろうと思えば前と同じ医療消費ができるので、新しい予算線はもとの消費点を通る。予算線の傾きは価格の比率であり、補助金が廃止されると医療価格が高くなるので予算線の傾きは大きくなる。その結果、図1のように老人の効用は上がる。また、補助金額と同額の年金増加を行っているので、納税者の負担は変わらない。

(2) 補助金下の消費者余剰(図17(a))と生産者余剰(図17(b))の和から、補助金額=納税者の負担(図17(c))を引くと、総余剰は図18の$A-B$の大きさで表される(図17を見ながらゆっくり確認しましょう!)。したがって、総余剰Aを生み出す完全競争のときに比べると、Bだけの損失(死荷重)を生む。

　補助金を廃止して完全競争状態にすると、図18のAの総余剰が発生する。ここで、図17(c)の「補助金」の上半分のXを**一括補助金**として生産者に与え、下半分のYを**一括補助金**として消費者に与えれば、消費者が受け取る余剰+一括補助金は図19(a)の灰色の部分、生産者が受け取る余剰+一括補助金は図19(b)の灰色の部分となって、図17のときに比べて双方とも得をしている。補助金額は変わっていないので、納税者の負担は前と同じである。

(3) 医療補助金がかかっている状況での国民全員の満足の度合いを一般均衡

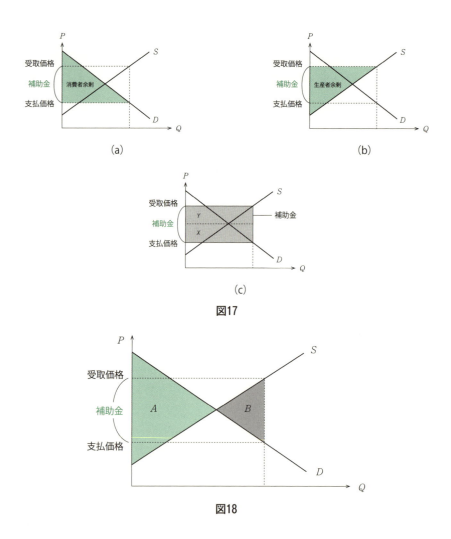

図17

図18

モデルで考えてみると、「すべての消費者と生産者が同一の価格体系に直面している」という効率性の条件が満たされていないので、この状態はパレート非効率的である。すると、非効率性の定義から、図20のように、国民の誰も損させることなく、誰かの満足を上げつつ「可能な効用の集合の境界点」＝パレート効率的な点（図20の点 A）まで移動できることになる。厚生経済学の第2基本定理によると、このパレート効率的な点 A は、一括所得移転と完全競争市場によって実現できる。つまり、医療

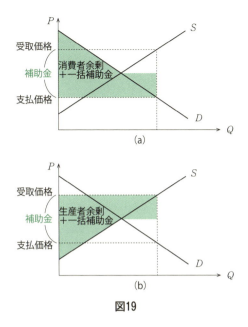

図19

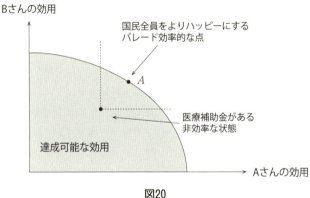

図20

注）A、Bさんだけでなく、国民全員の効用が図示されていると思って見ること。

補助金を廃止し（完全競争状態を作って）適当な一括所得移転をすると、老人や医者・製薬会社といった当事者だけでなく、直接的・間接的に影響を受けるすべての人の満足を上げることができるのである。

> **コメント** では、全員を得させるような一括所得移転をどうやって見つけ出すのか、そしてそれを政策として実行することはできそうなのか？という疑問が湧くと思います。実際のところ、これを完全な形で行うのは困難でしょう。「損する人に得する人が補償しないまま規制緩和したらどうなるか」ということについては、『ミクロ経済学の力』第10章10.2節の「補償原理」の説明を見てください（これも超重要な論点です）。

B7 この問題の答えはお楽しみとして、皆さんで考えてみよう！

経済学ビフォーアフター

C1 ダウンロードする費用がゼロとすると、音楽市場の状況は図21のようになる。つまり、価格ゼロでダウンロードできるようにすると総余剰が最大化される。

> **コメント** このように、「すでに作ってしまった作品」は、タダで配布したほうが世の中のためになるのですが、こうすると誰もいい作品を作らなくなります。では、作曲家に適切な作曲のインセンティブを与え、かつ総余剰をなるべく大きくするにはどうしたらよいか？ これが、音楽や映画・小説などの市場の根本的な問題です。新技術についても、いったん発明されたら広く公開するほうが世の中のためですが、そうすると技術開発が停滞します。現実世界では、「著作権」「特許権」を設定してこの問題に対処していますが、はたして最適な著作権・特許権の設定の仕方は何か……ということで、政策に直結した経済学研究が進んでいます。

C2 (1) 図22を参照。
(2) 図23を参照。
(3) 図24の E 点が均衡になる。地代を政府が統制してゼロに下げても、レストランは安くならない（図の P' のように安くするとキャパシティ以上に客がきてしまい、いずれ値段が元に戻る）。地代がタダになった分だけレ

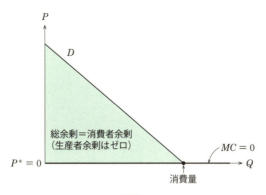

図21

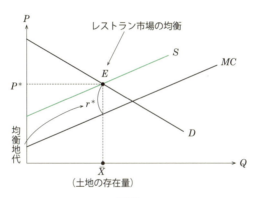

図22

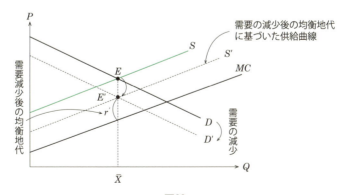

図23

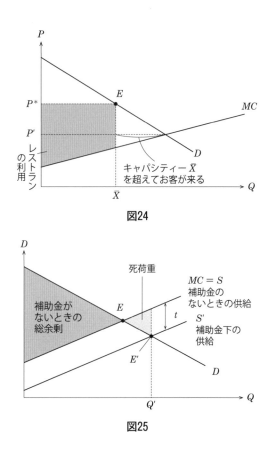

図24

図25

ストランの利潤が上がるだけである。

C3 図25を参照。政府がスマートフォン会社に、スマホ1台あたり t 円の補助金を出すと、限界費用から補助金を引いたもののグラフ S' が補助金を与えたときの供給曲線になり、スマホ市場の均衡は E' となる。補助金がないときの均衡 E に比べると、図の緑色の部分だけ総余剰が減っている（死荷重）。

なぜこうなるのかを詳しく考えてみよう（よく考えないと混乱しがちなことなので、図25だけさっと考えて終わり、ではなく、次の図を見てよく理解しましょう）。図26を見てほしい。

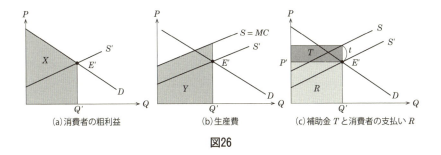

図26

(a)消費者の粗利益　(b)生産費　(c)補助金 T と消費者の支払い R

- 消費者は、消費量 Q' から図26(a)の X の部分だけの粗利益を得る（消費者が最終的に得る利益は、これから支払いを引いたものになるので、最終的な「純」利益と区別するため、X を「粗」利益とここでは呼びましょう）。
- 一方、Q' だけ生産する費用は、限界費用 MC を足し合わせた図26(b)の Y の部分である。
- 図26(c)の $T+R$ が生産者の収入である。$T = t \times Q'$ は補助金で、この分だけ政府に赤字が出る。$R = P' \times Q'$ が消費者の支払額である。

以上をまとめると

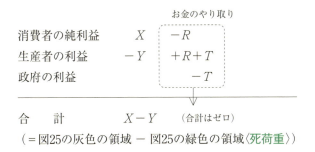

となる。

コメント　余剰分析を間違わずにやるための重要なコツ：補助金 T や支払い R はお金のやり取りなので（誰かが支払ったらその分誰かがもらっているため）経済全体で合計するとゼロになります（上の計算表の ▢ 部分）。したがって、こ

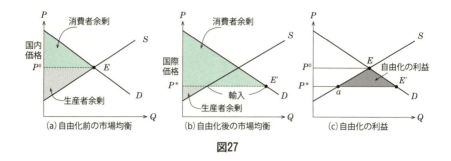

図27

うした「所得の移転」は総余剰の大きさに影響を与えません。総余剰は、つまるところ生産量（Q'）だけで決まるのであり、

 総余剰 = 生産量（Q'）から得られる消費者の粗利益（図26(a)の X）
    −生産費用（図26(b)の Y）

であることを押さえておくと、煩雑な余剰分析の見通しが素晴らしくよくなります。

C4 図27の通り、自由化すると、総余剰は図27(c)の灰色の部分だけ必ず増える。より詳しくみると、自由化によって生産者余剰は図27(c)の台形 P^*P^0Ea だけ減少するが、消費者余剰は台形 P^*P^0EE' だけ増え、**自由化による生産者の損害を、消費者の利益がかならず上回る**（両者の差が図27(c)の灰色の部分＝自由化の利益）。

コメント ミクロ経済学では、各消費者と各生産者が自由化からどれだけの損失と利益を得るのか、ということをもとに自由化の是非を考えますが、これを経済学を知らない人がやらない理由は、

 何千万人もいる国民のうち、自由化で誰がどれだけ損をして得するかなど、どだい調べることは不可能なので、考えてもしょうがない

ということでしょう。実際、この意見の通り詳しく調べるのは不可能ですが、各人が「自分の利益を最大にするように行動している」とすれば、いちいち実際にどうなっているかを調べなくても、自由化の利益は自由化の損失を必ず上回る、ということが明らかになるのです。これが、ミクロ経済学がわれわれに教えてく

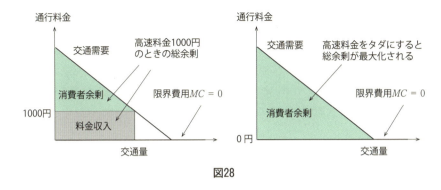

図28

れる重要なメッセージです。

C5 高速道路ができてしまうと、車を通行させるための限界費用はゼロなので、**建設費を償却できているか否かとは関係なく、当初からタダにするのが最も効率的である**（図28にあるように、総余剰を最大化する）。

そうすると建設費を工面できないが、これは、一括固定税で徴収するのが最も効率的である。つまり、理想的には、「高速道路は一括固定税で作って、通行料ははじめからタダにする」のが最適なのである。ただし、「高速料金をタダにすると車が殺到して渋滞が起こる」という問題が生ずる場合には（これを、混雑が引き起こす「外部性」と言う）、建設費が償却されているか否かとは関係なく、つねに高速料金を取ったほうがよい。（この点については、第4章の **C1** の問題を見よ。）

C6 (1) **A5**(3)と同じである。
(2) 問(1)が明らかにするように、望ましい政策の結果はパレート効率的でなければならず、そうだとすると厚生経済学の第2基本定理から、政策目標は完全競争市場と消費者に対する所得再分配政策の組み合わせで達成できるので、重要産業の保護育成政策を取る必要はない。重要産業が健全に育成されるようにするために政府がなすべきことは、**その産業で自由な競争が行われるようにすることである。**
(3) 第1財をIT産業が作り出す財（たとえばタブレット）、第2財を他の財（何でもよい）とするとき、パレート効率性のための条件は

$$\text{第1財の第2財に対する限界変形率} \\ = \text{消費者の第1財の第2財に対する限界代替率} \qquad (4)$$

である。(4)式の右辺は、消費者が支払う価格を p_1, p_2 とすると、最適消費の性質から価格の比率 p_1/p_2 に等しい。一方、限界変形率は第1財と第2財の生産に共通に使われる生産要素、たとえば労働を使って

$$\frac{\text{第2財に対する労働の限界生産性}(\partial F_2/\partial L)}{\text{第1財に対する労働の限界生産性}(\partial F_1/\partial L)}$$

と表されるが、生産の最適条件(労働の限界生産性は実質賃金に等しい)から、

$$\frac{\partial F_2}{\partial L} = \frac{w}{p_2}, \quad \frac{\partial F_1}{\partial L} = \frac{w}{(1+s)p_1}$$

である。第1財の生産者が受け取る生産物価格には補助金率 s がかかっていることに注意せよ。すると、

$$\text{第1財の第2財に対する限界変形率} = \frac{(1+s)p_1}{p_2}$$

$$\text{第1財の第2財に対する消費者の限界代替率} = \frac{p_1}{p_2}$$

となって、両者は等しくならない。よって、重要産業へ補助金を出すことは効率性を損ない、政策目標を達成できない。

C7 バラバラだった地域経済が世界的な市場圏に組み込まれていく大きな理由は、市場圏から一部の地域が分離独立して(鎖国のように)自分たちだけで経済を運営しても、地域住民をパレート改善できない(分離独立によって地域住民全員をよりハッピーにできない)ことだと考えられる。このことは、「完全競争均衡による資源配分はコアに属する」という事実からくるものである。

4 市場の失敗

本章で学ぶこととキーワード

キーワードの意味がわかっているかどうか、□にチェックマークを入れてみよう！

第4章　市場の失敗

4.1 外部性

企業や消費者の生産・消費活動が、他の企業の利潤や他の消費者の効用に（市場取引を通じないで）直接影響を与えることがある。たとえば工場の廃液が公害を引き起こしたり、たばこの煙が他人に健康被害を与えたりするような場合である。これを、（技術的）外部性と言う。このような場合には、政府が市場に介入して、税金や補助金を使って外部性の量を効率的にコントロールすべきである。

> □ 金銭的外部性　□ 技術的外部性　□ 外部経済　□ 外部不経済
> □ 限界損失　□ 社会的限界費用　□ ピグー税　□ ピグー補助金
> □ コースの定理

4.2 公共財

国防や外交などの行政サービスは、国民全体に等しく提供され、特定の個人にだけ提供しないということができない。このようなものを公共財と言う。公共財は、誰がいくらの費用を負担したかに関係なく、誰もが等しい量を消費できるので、市場を通じて供給することは困難である。したがって、公共財は政府が提供する必要がある。政府が公共財を最適に供給するには、いくつかの条件を満たす必要がある。

- ☐ 非競合性 ☐ 非排除性 ☐ 限界評価 ☐ リンダール均衡
- ☐ フリーライダー問題 ☐ サミュエルソン条件

復習問題：基本中の基本を身につけよう！　A

A1 技術的外部経済と技術的外部不経済の定義を述べ、例を1つずつ挙げよ（教科書に出ているもの、次の問に出てくるもの以外の例を考えること）。

A2 ガソリン税を理解する：ガソリンには1リットルあたり53.8円という高い税金がかかっている理由を考えてみよう。ガソリン消費によって環境汚染が起こるため、社会に損失（技術的外部不経済）が発生する。この損害額が、1リットルあたりちょうど53.8円であるならば、ガソリン課税が効率的な配分をもたらすことを次の順序で説明せよ。

(1) ガソリンの価格（税込み）を調べ、ガソリン税がそのうち何％くらいになっているかを理解せよ。

(2) ガソリンが課税されないときの市場均衡を、需要曲線と供給曲線で図示せよ。

★ 以下では、供給曲線が限界費用曲線に等しい場合を考えよ。

(3) 限界損失と社会的限界費用とは何かを説明し、これを問(2)の図に書き入れよ。

(4) 効率的なガソリン取引量を図の中に示し、このときに比べて、ガソリンが課税されないときの市場均衡では総余剰がどれだけ減っているかを図示せよ。

(5) ピグー税とは何かをこの問題に即して答え、ピグー税をかけると効率的なガソリン取引量を達成できることを説明せよ。また、外部費用の内部化とは何を意味するかを、この例に即して説明せよ。

A3 公共財を定義する2つの性質を説明せよ。また、次の中で公共財により近いと思われるものはどれかを答えよ。
〈老人養護施設　医療サービス　街灯　教育　公共交通機関　外交　給食　国防〉

A4 リンダール均衡：A, B, C の 3 人の講師からなる学習塾が、時給900円で清掃員を雇うことを検討している。1 週間あたり、清掃員に X 時間働いてもらうことに対する限界評価は

　　Aさん：$400-60X$
　　Bさん：$500-130X$
　　Cさん：$600-110X$

であるという。
(1) 清掃員の提供するサービスは、A, B, C にとって公共財であることを説明せよ。また、**限界評価**とは何を意味するかを説明しなさい。
(2) **リンダール均衡**における、清掃員の 1 週間あたりの労働時間と、各人の費用負担額を計算しなさい。
(3) **フリーライダー問題**とは何かを説明しなさい。

発展問題と現実への応用　　B

B1 (1) 公共財の最適供給に関する**サミュエルソン条件**とは何かを説明せよ。
(2) 次のように考えると、**リンダール均衡は、完全競争均衡（ワルラス均衡）の一種であるとみなすことができる。**

　　消費者 i さんだけが消費する「i さん向けの公共財 x_i」というものがあるとして、公共財を供給する企業はたくさんの個人向け公共財 $x_1, ..., x_I$ を同時に生産している（結合生産している）とみなす。生産できる個人向け公共財の量は、必ず各人で等しい（$x_1 = \cdots = x_I$）。このとき、個人向け公共財の市場において各人が完全競争的にふるまうと、リンダール均衡が成立することを説明せよ。

経　済　学　　ビフォー　　アフター　　C

本書pp.2-3の「経済学ビフォーアフター」において、「いくつかの問題を、自力で考えてみよう」と出題したもののうちのいくつか（**3**　**10**）について、東京大学の受講生の意見分布と、「正解」と言えるものを教える。なぜ「正解」が正しいかを考えてみよ。

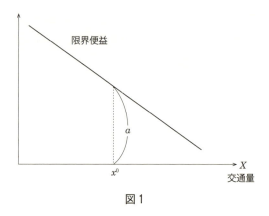

図1

C1 首都高速はめちゃくちゃに混んでいるのに、料金が世界一高いのはどう考えてもおかしい。

〔学生の意見〕 経済学 ビフォー 正しい（21％）、間違いである（72％）、どちらでもない（7％）

〔正　　解〕 経済学 アフター 間違い！：簡単のため、同質的なドライバーがたくさんいるとして、代表的なドライバーの「限界便益」が図1のようになっていたとする。

「限界便益」とは、自分の交通量をわずかに（1単位）増やすと、自分にどれだけの利益が生まれるかを表すものである。たとえば、図1でこのドライバーが自分の交通量を x^0 からわずかに（1単位）増やすと、そのドライバーに図の a 円に等しい便益が発生する。

一方、代表的ドライバーが直面する限界費用は次の図2のようになっているとしよう。

たとえばこのドライバーが x'' からわずかに（1単位）自分の交通量を増やすと、図の c だけの費用が自分に発生する。これが、「私的限界費用」である。私的限界費用は、はじめは一定だが（ガソリン代など）交通量が多くなると（疲労などの理由で）増えてゆく。また、交通量が多い x'' のような点では、自分の交通量を増やすと**混雑を招いて他のドライバーに損失を与える**。より詳しく言うと、このドライバーが x'' からわずかに（1単位）自分の交通量を増やすと、図の b だけの損失が他のドライバーに発生する（これが他のドライバーが被る「限界損失」である）。そして、私的限界費用（c）

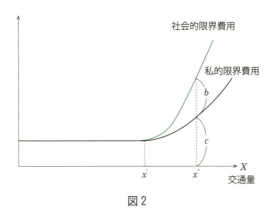

図 2

と他人に与える限界損失（b）を足したものが、このドライバーが直面する「**社会的限界費用**」である。

特に重要なのは、交通量が図の x' の水準になるまでは混雑が起こらず、他人に与える限界損失はゼロだということである。

(1) 効率的な交通量を実現するためのピグー税をどのように設定したらよいかを、図を使って答えよ（答えは、限界便益曲線の位置によって異なる）。

(2) 問(1)の答えを使って、「首都高速はめちゃくちゃ混んでいるのに料金が世界一高いのはどう考えてもおかしい」という意見の当否を論ぜよ。

C2 日本では看板の色に規制はないが、パリでは看板の色などが厳しく規制され、マクドナルドですらおなじみの赤い看板を出せないでいる（これは、本当です）。こうしたことは、国民の生活の質を上げるためには当然の措置で、政府は美しい景観を保持するために積極的に民間に介入すべきである。

〔学生の意見〕 経済学 ビフォー 正しい（25％）、間違いである（75％）

〔正　　解〕 経済学 アフター **正しい！**：これがなぜかということを、公共財または外部性の概念を使って説明せよ。

 解答

復習問題

A1 企業や消費者の生産・消費行動が、**市場取引を通じずに直接他の企業の**

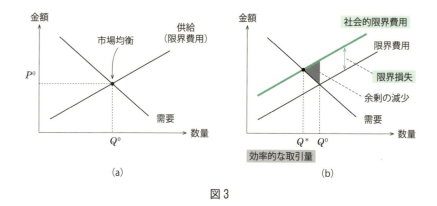

図3

利潤や消費者の効用に良い影響を及ぼすことを技術的外部経済と言う。逆に、悪い影響を与えることを技術的外部不経済と言う。

〈技術的外部経済の例〉林業が治水に好影響を与える など。
〈技術的外部不経済の例〉CO_2 の排出が地球温暖化をもたらす など。

A2 (1) 2016年12月現在、ガソリンの小売価格は1リットルあたり128円程度である。したがって、このうち約42％が税金である。（結構な額である！これが、どのような理由で正当化できるのかを以下で考えてみよう。）

(2) 図3 (a) を見よ。

(3) ガソリンの**限界損失**とは、**供給量を1単位増やしたときに、環境汚染によって社会にどれだけの金額の損失が発生するか**を表すものである。ガソリンの消費が環境汚染という外部不経済を引き起こしている点に注意せよ。社会的限界費用とは、ガソリン生産の限界費用に限界損失を加えたものである（図3 (b)）。

(4) 効率的なガソリンの取引量は、図3 (b) が示す通り、**需要曲線と社会的限界費用の交点で決まり**、問(2)で求めた市場均衡では効率的な水準に比べて過剰にガソリンが供給されていることがわかる。その結果、図3 (b) の灰色の三角形の部分だけ総余剰が減少している。

(5) ピグー税とは、生産物1単位あたりのその限界損失に等しい金額を課税するものである。ピグー税を課税すると、1単位生産を増やすごとに企業は「ピグー税＋限界費用＝社会的限界費用」に等しい費用を被る。企業はこれと生産物価格が等しい点まで生産物を供給するので、ピグー税

の下で企業の供給曲線は社会的限界費用曲線と同じになる。したがって、需要と社会的限界費用曲線が交わる効率的な取引量が達成できるのである。ピグー税が効率性を達成する理由は、ガソリンが環境汚染という外部不経済を通じて**社会に与える限界損失**という**外部の費用を、自分のコストとして認識させる**機能を持つからである。これを、外部費用の内部化と言う。

A3 公共財は非競合性と非排除性の2つの性質を持つ財（あるいはサービス）である。通常の財は、**ある人がその財を消費すると、その分だけ他人がその財を消費できる量が減ってしまう**が、このようなことが起こらないようなものを、非競合性を満たす財と呼ぶ。また、ある**特定の人を消費から排除することが困難**であるという性質を、非排除性と言う。

問題で挙げられている例の中で、街灯、外交、国防がこの2つの性質を満たす公共財である。他のものは、公共性が高いとはいえ、非競合性と非排除性を持たない通常の財（私的財）であるため、市場を通じて供給することが可能である。

A4 (1)清掃をして部屋がきれいになると、その恩恵は3人の講師に等しく行き渡る。したがって清掃というサービスは非競合性を満たす。また、特定の講師だけをその恩恵から排除することは難しいので、非排除性も満たす。したがって清掃サービスは3人の講師にとって公共財である。

清掃時間が X であるときのある人の限界評価とは、清掃をもう**1単位増やしたときにその人が得る追加的な便益**を金額で表したものである。ある人の限界評価が、たとえば100円であるということは、その人は清掃の量を1単位増やすのに100円支払ってもよいと思っている、ということを表している。

(2) 3人の限界評価を足すと

$$1500 - 300X$$

となる。これは、清掃の量が X であるときに、清掃量をもう1単位増やすことに、3人あわせて $(1500-300X)$ 円だけお金を支払う用意があるということである。これが、清掃を1単位増やす費用（限界費用）である

900円より大きければ、清掃量を増やしたほうがよく、逆ならば清掃量を減らしたほうがよい。したがって、最適な清掃量は

$$\text{限界評価の合計}(1500-300X) = \text{限界費用}(900)$$

によって決まる。これを解くと、$X=2$ 時間が最適な清掃量（公共財の供給量）であることがわかる。リンダール均衡では、この最適な供給量を達成する費用を、各人の**限界評価に比例して徴収する**。

  Aの支払い：Aの限界評価×供給量＝$(400-60\times2)\times2=560$ 円
  Bの支払い：Bの限界評価×供給量＝$(500-130\times2)\times2=480$ 円
  Cの支払い：Cの限界評価×供給量＝$(600-110\times2)\times2=760$ 円

で、合計すると1800円でたしかに清掃を 2 時間する費用（900円× 2 ）が賄える。

(3) フリーライダー問題とは、公共財からどの程度の便益を各人が得るかを自己申告させ、それに基づいて公共財の供給量と各人の費用負担を決めようとすると、**各人が正直な申告をしない恐れがある**ということを示す。たとえばリンダール均衡では、各人は自分が申告した限界評価に比例してお金を払うので、限界評価を過少申告して費用負担を減らそうとする恐れがある。

発展問題と現実への応用

B1 (1) 公共財を Q、私的財を X で表すとき、公共財 Q の私的財 X に対する消費者 $i=1,...,I$ の**限界代替率** MRS_{QX}^i は、i さんが公共財 Q の量を 1 単位増やすために提供してもよいと思っている私的財 X の量を表す。一方で、公共財 Q を 1 単位増やすために必要な私的財の量は、公共財の私的財に対する**限界変形率** MRT_{QX} で与えられる。公共財の最適供給に関するサミュエルソン条件は

$$MRS_{QX}^1+\cdots+MRS_{QX}^I = MRT_{QX}$$

である。

 もし左辺が右辺より大きければ、各人が公共財を 1 単位増やすために提供してもよいと思う私的財の量の合計が、公共財 1 単位を増やすのに

必要な私的財の量より多いので、公共財の量を 1 単位増やすと全員が得をする。逆に、右辺のほうが大きければ、公共財を 1 単位減らして私的財を増やすことで全員の満足を上げることができる。公共財の量が最適になっている点ではこのような調整の余地がないはずなので、上の等式が成り立つのである。

(2) 部分均衡分析を使ったリンダール均衡の説明とつなげるため、消費者の効用が、「部分均衡分析ができるときの形」をしているケース (「準線形」の形をしているケース) を考える。つまり、消費者 $i = 1, ..., I$ が消費する「i さん向けの公共財」の量を Q^i、公共財に対する支払いが終わった後に残った所得 m を最適に使って得られる効用が

$$U_i(Q^i) + m$$

という形をしている場合を考える (「準線形」の効用関数[1]。公共財の量を限界的に 1 単位増やすと公共財から得られる効用が $U_i'(Q^i)$ (U_i の微分) だけ増える。一方で所得から得られる効用は p^i だけ減る。前者が後者より大きければ、公共財消費を増やしたほうが得で、逆ならば減らしたほうがよい。所得が十分に大きく、両者が等しい水準まで公共財の購入量を増やせるとすると、「i さん向けの公共財の需要量」は条件

$$\underbrace{U_i'(Q^i)}_{\text{公共財に対する限界評価}} = p^i \tag{1}$$

で決まる。左辺は、「公共財の消費を 1 単位増やすとどれだけ得するか」＝「公共財を 1 単位増やすために支払ってよいと思う金額」なので、**公共財に対する限界評価**にほかならない。

一方で、公共財の量 Q を作るための費用を $C(Q)$ で表そう。公共財を供給する企業がこの費用を払うと、「個人向けの公共財」が

$$Q = Q^1 = \cdots = Q^I \tag{2}$$

だけ供給できるのである。この企業が公共財を 1 単位生産すると、各消費者から価格 $p^1 + \cdots + p^I$ を得ることができる。利潤最大化条件は、この

---

[1] 詳しい説明は『ミクロ経済学の力』第 3 章 3.1(c)項を参照。

価格と限界費用が等しい

$$p^1+\cdots+p^I = MC(Q) \tag{3}$$

ということである。完全競争市場均衡では、上の3つの条件(1)、(2)、(3)式が満たされている。これをまとめると、

$$\underset{\text{公共財に対する限界評価}}{U_i'(Q^i)} = \text{公共財1単位あたりへの}i\text{さんの支払い}$$

$$\underset{\text{公共財に対する限界評価の和}}{U_1'(Q)+\cdots+U_I'(Q)} = MC(Q)$$

という、リンダール均衡が成立していることがわかる。

> **コメント** 準線形の効用を仮定しない一般均衡モデルで、この問題にあるように公共財を提供する企業が「個人向けの公共財を結合生産している」と考えると、そこでの完全競争均衡として「一般均衡モデルでのリンダール均衡」を定義することができます。

経済学ビフォーアフター

C1 (1) ピグー税は限界損失（社会的限界費用と私的限界費用の差）と等しい水準に設定されるものである。交通量は「ピグー税＋私的限界費用」が限界便益に等しいところで決まるので、交通の限界便益が小さく交通量が少ない「空いている道」では最適な道路料金（限界損失）はゼロで（図4 (a)）、逆に交通量が多い「混んでいる道」ほど、最適な道路料金（＝ピグー税＝限界損失）は大きくなる（図4 (b)）。

(2) 上のことから考えると、「首都高速は混雑しているからこそ高い料金を取るべきである」というのが、効率性の観点からは望ましい政策であることがわかる。

C2 派手な看板は景観を損なう。これは、看板の色が直接住民・訪問者の効用を損なうという「外部不経済」の例なので、政府の規制が必要となる。あるいは、「美しい景観」は公共財とも考えられるので、それを提供するには政府の力が必要となる。よって、経済学的にみると、景観を維持するパリの

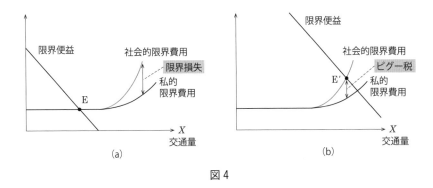

図4

政策は正しいものといえる(逆に、都市の景観の保護に政府がまったく関与せず、野放しとなっている日本の現状は先進国の中で特異な存在である)。

5 独占

本章で学ぶこととキーワード

キーワードの意味がわかっているかどうか、□にチェックマークを入れてみよう！

第5章 独占
5.1 **独占企業の行動**
5.2 **独占の弊害**

市場に一つの企業しかいない場合を独占と言う。独占企業の利潤最大化条件を限界収入と限界費用を使って理解しよう。特に、需要曲線が直線の場合に、需要曲線と限界収入曲線の関係を理解しよう。さらに、完全競争の場合と比べ、独占市場ではどのような非効率性が起こるかを理解しよう。

□ 価格支配力　□ 限界収入　□ 独占の非効率性

5.3 **自然独占と価格規制**

巨大な固定費用が必要となるような、電力・ガスなどの産業では独占状態に陥りやすいので、政府の規制が必要となる。現実に使われている規制方法を理解しよう。

□ 自然独占　□ 固定費用　□ 費用逓減　□ 限界費用価格規制
□ 平均費用価格規制

復習問題：基本中の基本を身につけよう！　A

A1 独占について、以下の問に答えよ。

(1) **限界収入**とは何かを説明し、需要曲線が直線の場合の需要曲線と限界収入曲線の関係を、図を描いて説明せよ。
(2) 独占の最適生産量は、限界収入と限界費用が等しい点で決まることを説明せよ。
(3) 需要曲線が $P = 12-Q$、総費用が $C(Q) = Q^2$ である独占企業の生産量と価格を計算し、これを図示せよ。また、独占企業の利潤を図の中で表示せよ。
(4) 独占のもたらす非効率性を、問(3)の図を使って説明せよ。

A2 **自然独占**について、以下の問に答えよ。
(1) 電力産業は自然独占であると言われることが多い。これはなぜかを説明せよ。
(2) 自然独占産業では、競争を促進するかわりに**独占**を許し、**価格規制**を行うことが望ましい政策であるとされることが多い。これはなぜかを説明せよ。
(3) 日本の電力会社には価格規制が行われているか。行われているとすると、**限界費用価格規制**か、**平均費用価格規制**のどちらが用いられているかを答えよ。この2つのうち、どちらのほうが効率的であるかを説明し、効率的なほうの規制方法が（日本の電力規制で）採用されていないなら、その理由を答えよ。
(4) 平均費用価格規制と正常利潤の関係を説明せよ。また、平均費用価格規制が引き起こす主要な問題点を明らかにせよ。

発展問題と現実への応用　　B

B1 経済学的直観を養うとはどういうことか：需要曲線が $P = 12-Q$ である市場に、限界費用が $MC = 6$ である**独占**企業がいる（P は価格、Q は数量、固定費はないとする）。
(1) **限界収入** $MR(Q)$ とは何かを説明し、次にこれを計算せよ。独占企業の生産量と価格がどう決まるかを、限界収入曲線を描いた図を使って説明せよ。
(2) 価格弾力性 $e = -\dfrac{dQ}{dP}\dfrac{P}{Q}$ の大きさと、価格をわずかに上げたとき（＝販

売量をわずかに下げたとき）の売り上げの変化の関係を述べよ。
(3) 問(2)の事実と、限界収入曲線の意味をよく考えると、問(1)の図の需要曲線のどの部分で価格弾力性が 1 より大きいか小さいかがわかる。これを説明せよ。このことから、**独占の販売点では、価格弾力性が 1 より大きくなっていることを示せ。**
(4) 一般に需要曲線が $Q = Q(P)$、限界費用が $MC = c$（一定）で与えられているときの独占の利潤最大化条件を求め、問(3)の太字で表された部分の経済法則が成り立つことを数式で説明せよ。
〔ヒント：ここでは、独占企業は P を選んで利潤を最大化すると考えて最適条件を出し、(?)×$P = c$ の形に整理しましょう。そして、(?) に入るものを、弾力性 e の式で表してみましょう。〕
(5) さて、数学の力を借りて、問(3)のゴシック部分の経済法則を図と数式で「発見」したわけだが、実は問(2)の事実をもとにすると、これは経済学を知らないずぶのシロウトにもわかりやすく言葉だけで説明できる。なるべく正確でわかりやすい説明を述べよ。

> **コメント** **経済を学ぶ上での、超重要なポイント**：上の問題にあるように経済の「法則」（たとえば、「独占市場の価格弾力性は 1 より大きい」ということ）を正確に発見するのに数学モデルを使った分析は大いに役立つのですが、そこで発見された結果は日常の言葉で理解できることが多いのです。（日常の言葉に翻訳してみて、「なんだ、当たり前じゃないか」と思うものより、「なるほど！」とポンとひざをたたくようなものが「いい結果」です。上の問題はどちらのケースでしょうか？ 問(5)に答えることによって、考えてみましょう。）このように、モデルを使った経済分析の結果を本当に理解するには、数式を離れて普通の言葉で噛み砕いて説明してみることが重要です。『ミクロ経済学の力』の1.4節でも説明しましたが、こうした作業を「**経済学的な直観を養う**」と言います。モデルを正確に操作する技術を磨くとともに、経済学的直観を養うことこそ、ミクロ経済学を現実に役立つ形で身につけるための、最も重要なポイントです。上の問題を解いて、この「技」を磨いてみましょう！

B2 **独占価格をつけるより、もっと良い方法がある？**：東京には「原価BAR」という名前のユニークなバーがある。この店では、フード・ドリン

出所）「生ビールブログ」2012年4月23日の記事（http://draftbeer.jp/topics/18922）。

図1

クを原価で提供している（図1）。

そのかわり、店に入るとき1800円ほどの入場料を払うことになっている。仮にすべての顧客が同一の右下がりの需要曲線を持っており、売り手が独占企業なら、このような方法を取ることによって、独占価格を設定するよりも高い利潤を得ることができるだろうか？　その場合の配分の効率性はどうなるだろうか？　よく考えて答えよ。

 解答

復習問題

A1 (1) 限界収入とは、独占企業が**生産量をわずかに増やすと収入（売り上げ金）がどれだけ増えるか**を示すものである。数式を使った定義は次の通り：需要曲線を $P = P(Q)$ で表すと、収入は $R = P(Q)Q$ である。限界収入とはこれを生産量で微分したもの

$$MR = R'$$

である。需要曲線が直線 $P = a - bQ$ であるとき、微分の計算をすると、収入は $R = (a - bQ)Q = aQ - bQ^2$ なので

$$MR = (aQ - bQ^2)' = a - 2bQ$$

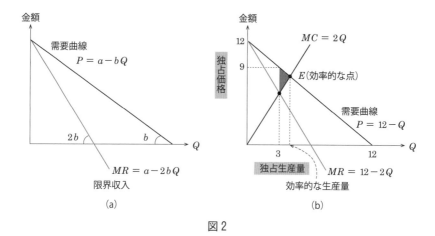

図2

であることがわかる。これを図示すると、限界収入曲線は需要関数と等しい点で縦軸と交わり、その傾きの大きさは需要曲線の2倍であることがわかる（図2(a)）。

(2) 生産量をわずかに増やしたり減らしたりすると、「利潤 ＝ 収入 － 費用」は「限界収入 － 限界費用」だけ増えたり減ったりする。よって、「限界収入＞限界費用」なら、生産量を増やすと利潤は上がる。逆に、「限界収入＜限界費用」なら、生産を減らしたほうが利潤は上がる。独占企業の最適な生産点では、こうした調整により利潤がそれ以上上がらなくなっているはずなので、限界収入と限界費用は等しくなっている。

(3) 限界収入は、問(1)での計算を需要曲線 $P = a - bQ = 12 - Q$ に当てはめると $MR = 12 - 2Q$ である。限界費用は費用 $C(Q) = Q^2$ を生産量 Q で微分したものなので、$MC = 2Q$ である。独占の最適条件は、「限界収入 (MR) ＝ 限界費用 (MC)」なので、これを解くと

$$12 - 2Q = 2Q \Rightarrow 12 = 4Q$$

となり、独占の生産量は $Q = 3$ であることがわかる。これを需要曲線に代入すると、独占価格は

$$P = 12 - 3 = 9$$

である（図2(b)）。

(4) 効率的な生産量は需要曲線と限界費用曲線が交わる点（図2(b)のE点）で決まる。このように、**独占は生産量を過少に制限して価格を吊り上げる**ので、総余剰は効率的な状態に比べ、図2(b)の灰色の三角形の部分だけ減少している。

A2 (1) 発電をするには、発電所という巨大な設備を作る費用が一括して必要となる。つまり、発電にはこのような**巨大な固定費用**がかかる。このため、たくさんの企業が競争する状態を作るのは困難であり、また、たくさん作った企業ほど平均費用が低くなるので競争に有利となり、市場が独占化されやすい。このような市場を自然独占市場と言う。

(2) 技術的な効率性の面から言うと、たくさんの電力会社が発電所（たとえばダム）を作って発電するのは無駄である（ダムはそんなにたくさんいらない）。一方で、効率的な生産量と価格を実現するには企業数を増やして競争を促進したほうがよい。この二つの要望は両立できないので、**独占を許して固定設備が無駄に増えるのを防ぎ、かつ価格を政府が規制してなるべく効率的な生産量を達成しようとする**のが自然独占企業の価格規制のねらいである。

(3) 日本をはじめ多くの国で採用されているのは、平均費用価格規制である。価格を限界費用に等しくして、限界費用と価格が等しくなる水準まで生産する「限費用価格規制」が効率的であるが、これは次のような理由で**赤字をもたらす**。

　自然独占の市場では巨大な固定費のため広範囲にわたって「作れば作るほど平均費用が下がる」費用逓減の状態にある。U字型をした平均費用曲線の最低点を右上がりの限界費用曲線が通ることを思い出すと、U字の左側（＝平均費用が逓減している状態）では、「平均費用＞限界費用」となっている（図を書いて確かめてみましょう！）。したがって、価格を限界費用に等しくすると、それは平均費用を下回ってしまうので、赤字が出るのである。赤字が出ると企業は存続できないので、次善の策として、**赤字を出さない範囲でなるべく生産量を増やして効率的な状態に近づけるような価格規制**が採用されることが多い。このことを実現するのが価格を平均費用と等しくするように規制する平均費用価格規制である。

(4) 平均費用価格規制では、ほかの産業で得られている平均的な利潤（正常利潤）を費用に含めて「平均費用＝価格」を計算する（したがって、規制されている企業は正常利潤を得る）。しかし、どのような生産を行っても正常利潤が保証されてしまうため、企業にコスト削減の努力をするインセンティブがなくなり、非効率性を引き起こす。

発展問題と現実への応用

B1 (1) 限界収入（MR）とは、生産量を限界的に1単位増やしたときに、売り上げ $R(Q) = P(Q)Q$ がどの程度変化するかを表すものであり、$MR = R'(Q)$ で与えられる。$P = 12 - Q$ の場合にこれを計算すると、$MR = ((12-Q)Q)' = 12 - 2Q$ である。独占の最適生産量は、限界収入と限界費用が等しい点で決まる（$Q = 3, P = 9$ である）。これを図示したのが図3(a)である。

(2) 価格弾力性が1より大きいときは、価格をわずかに上げると需要が急激に減るため売上高は下がる。逆に価格弾力性が1より小さいと、価格をわずかに上げても需要がそれほど下がらないので売上高が上がる。価格弾力性がちょうど1だと、価格をわずかに上げても売り上げは変わらない。これは経済学入門にも出てくるよく知られた事実である。

(3)「価格をわずかに上げる」ということは、「生産量をわずかに減らす」（ことによって価格を吊り上げる）ということなので、問(2)の事実を用いると、

　　取引量 Q において**価格弾力性が1より大きい**
　　　⇔ 生産をわずかに減らすと収入が下がる
　　　⇔ 生産をわずかに増やすと収入が上がる
　　　⇔ 取引量 Q において**限界収入が正である**（$MR > 0$）

ということがわかる。同様に考えると、限界収入が負である図3(b)のCの部分では需要の価格弾力性は1より小さく、限界収入がちょうどゼロであるB点では需要の価格弾力性は1であることがわかる。図2(a)にある通り、独占の生産量は限界費用（> 0）と限界収入が交わる点なので、限界収入は正になっている。すなわち、上の関係から、価格弾力性は1より大きいはずである。

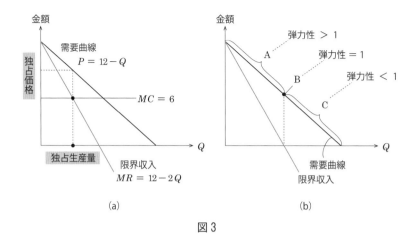

図3

(4) 需要関数 $Q = Q(P)$ を使って独占企業の利潤を書くと、

$$\pi(P) = PQ(P) - cQ(P)$$

となる。上式を、P を最適に選んで最大化するための条件は、利潤 $\pi = \pi(P)$ のグラフの頂点の条件（接線の傾きがゼロであるという「1階条件」）$\frac{d\pi}{dP} = 0$ である。これを計算すると、

$$\frac{d\pi}{dP} = Q + P\frac{dQ}{dP} - c\frac{dQ}{dP} = 0$$

となる[1]。これを、（　）$\times P = c$ の形に整理すると、

$$\left(-\frac{1}{-\frac{dQ}{dP}\frac{P}{Q}} + 1\right)P = c$$

となる。左辺の分母にある $-\frac{dQ}{dP}\frac{P}{Q}$ が需要の価格弾力性 e であり、右辺は正なので、左辺も正になるためには、弾力性が1より大きくならなくてはならない。

(5) さらにこの事実は、実は問(2)で確認した弾力性の基本性質を知っていれ

---

[1] ここで積の微分の公式 $\frac{d(f \times g)}{dP} = \frac{df}{dP} \times g + f \times \frac{dg}{dP}$ を使った。$f(P) = P$, $g(P) = Q(P)$ としてこの公式を当てはめればよい。

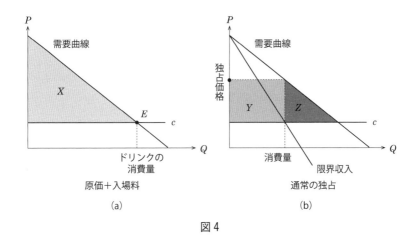

図4

ば計算しなくてもわかる当たり前の事実である。

　もしも、現在の生産量において需要の価格弾力性が1より小さいなら、生産量を減らして価格を吊り上げると売り上げは上がる。一方で、生産量を減らしているのだから、生産費用は下がる。費用が下がってかつ売り上げが上がるのだから、生産量を減らしたほうが得である（価格弾力性が1より大きい生産量は最適でない）。価格弾力性がちょうど1のときも同様で、生産をわずかに減らして価格を吊り上げると、収入は変化しないのに費用を節約できるせいで利潤が上がる。よって、独占企業の最適な生産量においては、需要の価格弾力性は1より大きくなくてはならない。

B2 いま、ドリンクの原価が c であるとして、顧客の需要曲線を描いたものが図4 (a) である。ドリンクが原価 c で販売されているので、顧客の消費量は E 点で決まる。このとき、消費者が得る消費者余剰の大きさは図4 (a) の灰色の領域の大きさ X である。店にタダで入れるとすると、消費者は X 円だけ得をするので、店は入場料を X 円まで（あるいは X 円よりほんの少し低い額まで）上げることができる。ことのき、ドリンクの原価は顧客が支払っているので、X がそのまま利潤となる。通常の独占のやり方（図4 (b)）では、利潤の大きさが図の Y になり、これは X よりかなり小さい。つまり、単に価格を吊り上げるという通常の独占のやり方をするよりも、価格は原価

に等しい安い水準にして入場料の形で消費者余剰をすべて吸い上げるほうが儲かるわけである。

このとき、市場の効率性はどうなっているだろうか。通常の独占のやり方（図4(b)）では、Z の部分だけ余剰の損失が出ているが、原価＋入場料を使ったやり方（図4(a)）では独占企業が最大化された余剰をすべて吸い上げるため、非効率性が起こっていないことがわかる。つまり、**原価＋入場料方式は、効率的な結果を達成するが、消費者の余剰がゼロで独占企業がすべての余剰を手に入れる**という、きわめて極端な所得分配を生み出すものである。

> **コメント** このように、財を原価（限界費用）で提供するかわりに、入場料を取って消費者余剰を吸い上げるやり方を、二部料金制（two-part tariff）と言います。現実には顧客の需要曲線はこの問題で仮定したように同一ではなく、異なった顧客は異なった消費者余剰を得るため、消費者余剰をすべて吸い上げるには、顧客ごとに異なる入場料を取らねばなりません。どの顧客からいくら取ったらよいかを調べることは困難なので、現実にはすべての消費者余剰を吸い上げることはできないでしょう。

6 同時手番のゲームとナッシュ均衡

本章で学ぶこととキーワード

キーワードの意味がわかっているかどうか、□にチェックマークを入れてみよう！

第6章　同時手番のゲームとナッシュ均衡

完全競争市場を離れて、社会・経済のさまざまな問題を分析するには、「各人は自分にとって得な行動を取る」という基本原理（合理的行動）だけではだめで、これに加えて「相手の出方をどう読むか」を確定する原理が必要となる。これを与えることにより、非常に広い範囲の社会・経済問題を統一的に分析できるようにしたものがゲーム理論である。

6.1　ゲームとは？

さまざまな社会・経済の問題は、すべて「誰が参加者（プレイヤー）か」「誰がどんな行動（戦略）を取ることが許されているか」「その結果、誰がどれだけ得するか（利得を得るか）」という「ゲーム」という数理モデルで表現できる。

6.2　ナッシュ均衡

ゲーム理論では、すべての参加者が同時に行動を取るような場合には、ナッシュ均衡と呼ばれる状態（お互いが相手の出方に対して最適な手を打っている状態）が実現すると考えて分析を行う。

□ 戦略　□ 利得　□ 同時手番　□ ナッシュ均衡

6.3　ナッシュ均衡が実現する理由

人間の行動がいつでも必ずナッシュ均衡に従うとは言えないが、ナッシュ均衡が多くの社会経済の問題で実現すると思われる理由がいくつかある。ど

れが当てはまるかはケースバイケースである。

> ☐ 合理性　☐ 話し合い　☐ 試行錯誤

6.4 個人の利益追求と社会全体の利益の関係

完全競争的な市場では、個人の利益追求（利潤最大化や効用最大化）が全体の利益（効率的な資源配分）を導いたが、それ以外のほとんどすべての社会・経済問題では、個人の利益追求の結果は全体としてまずい状態を導くことが多い。ゲーム理論はこの重要な事実を、ナッシュ均衡が多くの場合非効率的であることを通じて明らかにする。

6.5 寡占への応用（Ⅰ）：数量競争と価格競争

完全競争的な市場と、独占市場は、合理的行動の原理（企業の利潤最大化）だけによってそこで何が起こるかが解明できるが、少数の企業が相手の出方をうかがって行動する不完全競争市場（寡占市場）を分析するには、ゲーム理論が必要となる。企業が生産量を選んで競争する場合と、価格を選んで競争する場合は、実現する結果が大きく異なる。

> ☐ クールノー・モデル　☐ ベルトラン・モデル

6.6 不確実性と期待効用

経済は不確実性に囲まれており、株価や為替レートはつねに不確実に変動する。このような状況で人間がどのように行動するかは、危険に対する態度（危険を避けたいのか、危険があったほうがよいかなど）に依存する。人間の危険に対する態度を表す簡単で使いやすいモデルが、期待効用最大化モデルである。

> ☐ 期待値　☐ 危険回避・危険愛好・危険中立
> ☐ 期待効用最大化モデル　☐ ノイマン・モルゲンシュテルン効用関数
> ☐ 強い凸関数・強い凹関数

6.7 混合戦略均衡とナッシュ均衡の存在

テニスのサーブでは、相手に出方を読まれないようにサーブの方向をランダムに選ぶ。このような、「相手に出方を読まれないようにするために、ランダムに行動を選ぶ」という現象は、「ゲームのプレイヤーが確率的に戦略を選ぶ場合のナッシュ均衡」として理解できる。これを、混合戦略均衡と言

う。ゲーム理論の基礎を作ったジョン・ナッシュは、有限個の戦略があるどんなゲームにも、混合戦略の範囲で必ずナッシュ均衡があることを証明し、どのような社会問題もナッシュ均衡によって分析できることを明らかにした。

☐ 混合戦略　☐ 純粋戦略　☐ 期待利得の最大化
☐ 混合戦略均衡　☐ ナッシュ均衡の存在定理

復習問題：基本中の基本を身につけよう！　A

A1 (1) ナッシュ均衡の定義を述べよ。

(2) 表1のような利得表で表されるゲームのナッシュ均衡を求めよ。ただし、プレイヤー1の戦略は a, b、プレイヤー2の戦略は x, y で、各欄の数字は（プレイヤー1の利得，プレイヤー2の利得）である（プレイヤーがランダムな行動を取る混合戦略均衡は求めなくてよい）。

(3) 人間がナッシュ均衡に従って行動する理由として、

　　① 合理的推論の結果
　　② 話し合いの結果
　　③ 試行錯誤の行き着いた先

が挙げられる。以下の例を使いながら、それぞれの理由を説明せよ。
　〈男女の争い　囚人のジレンマ　道路交通量〉

A2 学生が100人いる経営学部には学生自治会がある。各学生は、自治会に寄附をすることができる。寄附金額 x は、0円から1000円までの範囲で、各学生が自由に選べる。寄付金の総額が Y 円のとき、各学生は自治会の活動から $0.02Y$ 円分の便益を得るとしよう（したがって、x 円寄附した学生の利得は $0.02Y - x$ である）。ナッシュ均衡を計算し、これがパレート効率的かどうかを説明せよ。この例に即して、個人の利益追求と社会全体の利益の関係を説明せよ。両者の間にギャップが生じるとすれば、その理由は何であるかを説明せよ。

A3 寡占への応用：次のゲームのナッシュ均衡を求めよ。（固定費用はゼロであるとする。）

	x	y
a	4, 4	1, 5
b	0, 2	2, 3

(a)

	x	y
a	1, 2	3, 4
b	2, 1	1, 0

(b)

表 1

1 \ 2	表	裏
表	1, -1	-1, 1
裏	-1, 1	1, -1

表 2　硬貨合わせゲーム

男 \ 女	サッカー	ショッピング
サッカー	3, 2	0, 0
ショッピング	0, 0	2, 3

表 3　男女の争い

(1) 需要曲線が $P = 8 - Q$ である市場で、限界費用が 4 である 2 つの企業が、同時に生産量を選ぶゲーム（**クールノー・モデル**）。（市場価格と各企業の利潤も求めよ。）

(2) 需要曲線が $P = 8 - Q$ である市場で、限界費用が 4 である 2 つの企業が、同時に価格を選ぶゲーム（**ベルトラン・モデル**）。（各企業の利潤も求めよ。）

A4 期待効用モデル：確率 $\frac{1}{3}$ で賞金 6000 円が当たるくじがある。

(1) 期待値の定義を述べ、このくじの賞金の期待値を求めよ。

(2) くじの賞金の期待値に等しい金額を確実にもらえるのと、くじを引くのを比べた場合、どちらが望ましいかに従って、**危険回避**、**危険愛好**、**危険中立**を定義せよ。

(3) 賞金 x がもたらす効用 $u(x)$ の期待値を期待効用と言う。上記のくじの期待効用を表す数式を書け。

(4) 人は期待効用を最大にすると考えるとき、危険回避的・危険愛好的・危険中立的な人の効用はどんな形をしているか、そのグラフの概形を描け。

(5) 危険回避的な人は、上記のくじを引くより、賞金の期待値に等しい金額を確実にもらった方がよいことを、図を使って示せ。

A5 次のゲームの**混合戦略均衡**を求めよ。

(1) 硬貨合わせゲーム（matching pennies）：2 人が硬貨を同時に見せ、同じ面を出したらプレイヤー 1 の勝ち、違う面を出したらプレイヤー 2 の勝

ち（表2）。
(2) 男女の争い（表3）。

発展問題と現実への応用　B

B1 (1)「立地ゲーム」の屋台が2軒ではなく N 軒のときを考えよう。（直線 $[0,1]$ 上に一様に消費者が分布しており、N 個の屋台 $i=1,...,N$ が同時にその立地点 $x_i \in [0,1]$ を決める。消費者は最も近い屋台で買い物をするとし、屋台の利得は顧客の数に等しいとする。ただし、同じ地点に複数の屋台が立地した場合には〈これは何軒でも出来ると仮定する〉、それらの屋台は均等に顧客を分けるものとする。）$N=3,4$ のとき、ナッシュ均衡はあるだろうか？　あるならばそれを求め、ないならばなぜないのかを説明せよ。

　また、立地点を政策マニフェスト、屋台を政党、顧客を支持者と読み替えると、「立地ゲーム」は「政党の政策選択ゲーム」とみることもできる。政党の数が $2,3,4$ のときに、選択される政策のバラエティがどう変わるかを説明せよ。

(2) 屋台の数は2として、顧客が公園の中に一様に分布している場合を考える。公園が長方形の場合と正三角形の場合にナッシュ均衡はあるだろうか？　あるならばそれを求め、ないならばなぜないのかを説明せよ。

B2 交通政策とゲーム理論：駒場から本郷へ、毎日2000台の車が移動する。ルートは図1の通りである。
- 「駒場から新宿への道」と「赤坂から本郷への道」は広いので、車が何台走ってもそれぞれ40分で行ける。
- 「駒場から赤坂への道」と「新宿から本郷への道」は狭いので、交通量が多いと時間がかかり、X 台の車が通ると交通時間は $t=10+\frac{1}{100}X$ 分かかる。

駒場から本郷へ行く2000台以外の車はないとして、以下の問に答えよ。
(1) ドライバーが目的地になるべく早くつきたいと考えるとき、各ルートの交通量はどうなるか。ナッシュ均衡を当てはめて答えよ。
(2) K知事は混雑緩和のため赤坂〜新宿間を（交通量にかかわりなく）8分

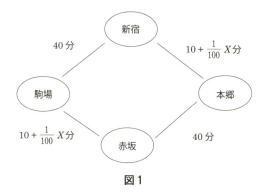

図1

で走れるスーパーバイパスを作った。直観的には、このように道路網を整備すればするほど混雑は緩和するように思える。バイパスの建設によって駒場から本郷への交通時間がどのように変化するかを、ナッシュ均衡を使って答えよ。

(3) この事例に即して、「個人の合理性」と「全体の合理性」の関係について論ぜよ。

> **コメント** 欧米ではこのように、ナッシュ均衡を使って交通政策を考えることが盛んに行われています。

B3 企業数が増えると完全競争に近づく：需要曲線が $P = 12 - \frac{Q}{4}$ で与えられている市場に、同一で一定の限界費用 $c = 3$ を持つ N 個の企業 $i = 1, ..., N$ がある。

(1) 企業が完全競争的にふるまったときの価格と総生産量を図示せよ。

(2) 以下では、寡占状態を考えて、企業は生産量を同時に選ぶゲームでのナッシュ均衡をプレイするとする。$N = 2$ のときの価格と生産量を図示し、完全競争のときに比べて消費者余剰・生産者余剰・総余剰がどう変わるかを述べよ。

(3) 完全競争は、「多数の消費者や生産者がいるので、一人ひとりの消費者や生産者は市場価格に影響を与えない」ような状態であると説明されることが多いが、この説明の妥当性を調べよう。企業の数 N が増えると（つ

社長＼泥棒	自宅に入る	会社の金庫を狙う
自宅に保管		
会社の金庫に保管		

表4

まり競争相手が増えて競争が激化すると)、価格、総生産量、消費者余剰、生産者余剰、総余剰が完全競争状態に近づくか否かを、ナッシュ均衡を計算して述べよ。

〔ヒント：均衡では各企業の生産量は同じになります。これを使うと計算が楽です。〕

(4) 以上の点を踏まえ、「産業は国の基本である。企業同士の過当競争は、産業の基盤を弱くするため、一国全体にとっては望ましくない」という主張が正しいかどうか論ぜよ。

B4「地球温暖化と京都議定書」「フィッシュサステイナビリティ（水産資源の乱獲問題）」について調べ、ゲーム理論がこれらの時事問題にどのような洞察を与えるかを説明せよ。

B5 保安警備とゲーム理論：ある会社の社長が売上金100万円を自宅に保管するか、会社の金庫に保管するかを考えている。泥棒は、社長の自宅に盗みに入るか、会社の金庫を狙うかを考えている。自宅に100万円を置くと、泥棒が入った場合に確率0.8で盗まれてしまうが、会社の金庫に保管したら泥棒が入っても盗まれる確率は0.1である。どう考えても金庫に保管するほうがよいように思われるが、ゲーム理論を使うと、社長は意外な方法で、盗まれる確率を金庫に保管したとき（確率0.1）よりもさらに下げられることがわかる。これを考えてみよう。

(1) 社長、泥棒ともに危険中立的だとすると、社長の利得は「盗まれる金額の期待値にマイナスの符号をつけたもの」、泥棒の利得は「盗む金額の期待値」と考えてよい。このとき、利得表（表4）に利得を書きこめ（単位：万円）。

(2) 混合戦略均衡を求め、そこではお金が盗まれる確率が0.1より低くなっていることを示せ。

(3)「ゲーム理論はすべての人が合理的に行動することを仮定するが、現実の

1 \ 2	X	Y
A	6	10
B	2	1

表5

1 \ 2	X	Y
A	$u(6)$	$u(10)$
B	$u(2)$	$u(1)$

表6

問題では自分が対戦する相手は合理的に行動しないことが多い。したがって、ゲーム理論は役に立たない」と批判されることがある。そこで、泥棒が混合戦略均衡に従って行動しない場合において、社長が自分の混合戦略均衡における戦略を使うと、お金が盗まれる確率がどうなるかを説明せよ。

B6 ゲームの利得の決め方を理解する：プレイヤー1の戦略が A, B で、プレイヤー2の戦略が X, Y であるゲームにおいて、プレイヤー1が表5のような賞金（万円）をもらうとする。

プレイヤー1は賞金が多いほど嬉しいとする。

(1) このゲームの純粋戦略ナッシュ均衡を求める際には、表5の数字をそのままプレイヤー1の利得と考えてよいことを説明せよ。

(2) 混合戦略均衡を考える際には、ゲームの利得は賞金そのものではなく、プレイヤーの危険に対する態度を表すように定める必要がある。具体的には、プレイヤー1は賞金 x から得られる効用（ノイマン・モルゲンシュテルン効用）$u(x)$ の期待値を最大化すると考え、利得は表6のようであると考える。これらの効用（利得）の数字を定める準備として、「一般性を失うことなく、最低の利得は 0（$u(1) = 0$）、最高の利得は 1（$u(10) = 1$）としてよい」ことを説明せよ。

(3)（問(2)の続き）次に、中間の利得 $u(2), u(6)$ の値を決めるためには、プレイヤー1にどのような質問をすればよいかを考えよ。

〔ヒント：「賞金が2万円と6万円のときのあなたの効用は何ですか」という質問は、答えようがないのでダメである。適当な選択肢をプレイヤーに与えて、「どちらを選び

	キーパー 左に飛ぶ	右に飛ぶ
キッカー		
左に蹴る	58.30	94.97
右に蹴る	92.92	69.92

表7

ますか、またはどちらでもよいですか」という質問を考えること。〕

B7 サッカーのペナルティ・キック：ヨーロッパのプロサッカーの試合の結果を多数見て、ペナルティ・キックが決まった割合を計算したところ、表7のようになっていた。

これをもとに計算した混合戦略均衡と実際のプレイヤーの行動はよく合致していた（『ミクロ経済学の力』事例6.6）。このことに関して、さらに考察を加えてみよう。

(1) キッカーとキーパーの危険に対する態度が変わると、混合戦略均衡も変わるように思われるが、これは正しいか？ 理由を付して答えよ。

(2) たとえ各試合でキッカーとキーパーが混合戦略均衡に正確に従っており、データの数が十分大きいとしても、データから推計した利得表（表7）で計算した混合戦略均衡と、実際のキッカーとキーパーの行動が一致しない可能性がある。その理由は何かを考えよ。

(3) テニスのサーブもペナルティ・キックと似ており、プレイヤーが混合戦略均衡に従っているかをデータで検証できそうである。テニスにおいては、サーバーの戦略は右に打つか左に打つかであり、レシーバーの戦略は「右に来ると予想してそちらに備える」と「左に来ると予想してそちらに備える」と考えてよいだろう。ところが、ペナルティ・キックのときと異なり、**テニスのレシーバーの戦略**はレシーバーの頭の中だけにあるため、**観察する**ことができない。したがって、テニスの場合には、統計を取って表7のような利得表を推計することはできない。にもかかわらず、うまいやり方をすれば、テニスのサーブにおいても混合戦略均衡が成り立っているかを統計的に検定できるのだが、どのようにしたらよいかを考えてみよ。

経済学　ビフォー　アフター　C

本書pp. 2-3の「経済学ビフォーアフター」において、「いくつかの問題を、自力で考えてみよう」と出題した問題（ 13 ）について、東京大学の受講生の意見分布と、「正解」と言えるものを教える。なぜ「正解」が正しいかを考えてみよ。

C1 現代は、ヘッジファンドなどの金融ビジネスが巨額の報酬を得る時代である。しかし、金融市場は誰かが得をすればその分誰かが損をしている世界である（安く買った株を高く売って得をした人がいるなら、その相手は株を安く売り高く買って損をしているはずだ）。このように、人のお金を右から左に動かすだけで、社会的な価値を何ら創造しないような金融ビジネスが巨額の報酬を得る社会は、間違っている。

〔学生の意見〕 経済学 ビフォー　この問題は授業で出題していないので、学生の意見分布はありません。

〔正　解〕経済学 アフター **間違い！**：「金融市場は誰かが得をすればその分誰かが損をしているゼロサムの世界で、なんの価値も産まない」ということが間違いであることを見るために、次のモデルを分析してみよう。

安全資産（預金）を持っているAさんと、危険資産（株）を持っているBさんを考える。株の価値は景気に左右され、景気の良いときの株1単位の価値は3（万円）、景気が悪いときの価値は0円とする。これに対して、預金1単位を持っていると景気に関係なくつねに1（万円）が得られる。明日、景気が良い確率をp、悪い確率を$1-p$として、AさんとBさんは明日得られる金額を消費して効用を得ると考える。

いま、各人$i = A, B$が明日もらう金額を、「景気が良いときにもらう金額」$= x_i$と、「景気が悪いときにもらう金額」$= y_i$と表示する。Aさんは危険中立的で明日もらう金額の期待値を最大化し、Bさんは危険回避的で期待効用 $pu(x_B)+(1-p)u(y_B)$ を最大化するとせよ。

(1) Bさんが危険回避的であるならば、彼の効用関数uは強い凹関数になる。uが強い凹関数であるという条件を数式を使って書け。

(2) 問(1)の条件の下で、Bさんの無差別曲線は原点に向かって凸の形をしていることを、次のようにして示せ：二つの消費点 $(x_B', y_B') \neq (x_B'', y_B'')$ が同

じ無差別曲線上にあるならば、両者の中間の消費点 $t(x_B', y_B') + (1-t)(x_B'', y_B'')$ $(0 < t < 1)$ における期待効用はもとの二つの消費点の期待効用より大きくなる。

(3) Bさんが景気にかかわらず等しい消費をしている（$x_B = y_B$）消費点での無差別曲線の傾きの大きさ（限界代替率）を計算せよ。

(4) Aさんが預金6単位、Bさんが株1単位を持っているとき、株と預金を交換することで利益が得られるかどうかを見るために、エッジワースの箱を描いてみよう。横軸を景気の良いときに得られる金額、縦軸を景気の悪いときに得られる金額として、エッジワースの箱を描き、AさんとBさんが保有する金融資産を交換することで社会的な価値が生み出される（誰の利益を損なうことなく、誰かの利益を上げることができる）ことを説明せよ。

解答

復習問題

A1 (1)「自分一人だけが行動（戦略）を変えても得をしない」ということが、すべての人（プレイヤー）について成り立っているような状態（戦略の組）を、ナッシュ均衡と言う。数式で表すと次のようになる。

まず、記号の約束として、プレイヤー $i = 1, ..., N$ の戦略を a_i で表し、ある戦略の組 $a^* = (a_1^*, ..., a_N^*)$ から出発して、プレイヤー i だけが戦略を a_i^* から a_i へと変更した状態を (a_{-i}^*, a_i) と表記することにする。戦略の組 a の下でのプレイヤー i の利得を $g_i(a)$ とすると、

$$g_i(a^*) \geq g_i(a_{-i}^*, a_i)$$

という条件がすべてのプレイヤー $i = 1, ..., N$ とすべての i の戦略 a_i について成り立っているような戦略の組 $a^* = (a_1^*, ..., a_N^*)$ がナッシュ均衡である。別の言い方をすると、ナッシュ均衡とは「プレイヤーがお互いに相手の出方に対して最適に反応し合っている状態」である。

(2) (a)におけるナッシュ均衡は (b, y) である。表8が示すように、各プレイヤーが自分一人だけ戦略を変えても利得を上げることができない（表8の矢印）。(b)についても、表8と同様のチェックをすると、ナッシュ均

	x	y
a	4, 4	1, 5
b	0, 2	2, 3

表8

衡は (b, x) と (a, y) であることがわかる。

(3) ①合理的推論の結果：「囚人のジレンマ」ゲームでは、戦略を協調（黙秘）と裏切り（告白）とすると、「相手が何をやってもつねに裏切ったほうが得」になっている。この「裏切り」のように、相手が何をやった場合でもつねに最適な戦略を支配戦略と言う。支配戦略があるような場合、各人が合理的に（＝自らの利得を上げるように）考えると、各人が支配戦略を取り合うというナッシュ均衡（（裏切り，裏切り））が成立する。

②話し合いの結果：「男女の争い」のゲームでは、戦略をサッカー観戦とショッピングとすると、男女とも同じ場所に行くのがナッシュ均衡であるが、各人がばらばらに考えるだけではどちらに行ってよいかが確定しない。しかし、このような状況では、事前にプレイヤー同士が何をすべきか話し合うことが多い。すると、「サッカー観戦に行こう」あるいは「ショッピングに行こう」という口約束が成立し、これが実際に守られてナッシュ均衡が実現する。「お互い同じところ（たとえばショッピング）に行こう」というのは、罰則や褒賞を伴わない単なる口約束に過ぎないが、それがナッシュ均衡であるため、「自分一人だけが口約束を破っても得しない」という性質を持っており、このため事前の話し合いの結果がそのまま実現するのである。このような、「罰則や褒賞をともなわない単なる口約束なのに、自発的に守られるようなもの」を「自己実現的な合意」と言う。ナッシュ均衡は自己実現的な合意として、事前の話し合いによって実現することがある。

③試行錯誤の行き着いた先：「道路交通量」を決めるゲームでは、各人はなるべく早く目的地に着くように通る道を選択する。各人はいろいろなルートを試してみて、現在通っている道よりも、空いていてより早く目的地に着ける道を見つけたら、そちらに移ると考えられる。このような調整が行きついた先は、「もはやどの道に迂回しても目的地により早く着けない状態」、すなわちナッシュ均衡になっているはずである。つまり

さまざまな戦略を試してみて、よりよい戦略に変更していくような試行錯誤の調整が行きついた先は、「もはや（自分一人が）戦略を変えても得をしない状態」＝ナッシュ均衡になっているはずである。

A2 ある学生の寄付額を x、他の学生の寄付額の合計を y とすると、その学生の利得は

$$0.02(x+y) - x = 0.02y - 0.98x \tag{1}$$

となる。他人の寄付額 y が何であっても、上記の利得を最大にするのは $x = 0$（寄付額をゼロにする）である。（$x = 0$ が支配戦略になっている。）したがって、ナッシュ均衡では誰も寄付をしないことになり、各人の利得は0である。一方で、学生 i の寄付額を x_i として、100人全員の利得を合計すると

$$100 \times 0.02(x_1 + \cdots + x_{100}) - x_1 - \cdots - x_{100}$$
$$= x_1 + \cdots + x_{100}$$

となるため、全員の利得の合計を最大にするには各人がめいっぱい寄付するのがよく（$x_i = 1000$）、このときの各人の利得は $0.02(1000 + \cdots + 1000) - 1000 = 1000$ である。ナッシュ均衡から全員が1000円寄付する状態に移ると、全員の利得が0から1000に上がるので（パレート改善できるので）、ナッシュ均衡はパレート効率的でない。

各人が自分の利益を追求する結果（ナッシュ均衡）が多くの場合全体の利益にならない（パレート効率的にならない）理由は、各人が他人に及ぼす損害や便益を考慮しないからである。この例では、各人が x 円の寄付をすると、そのうちのごく一部（$0.02x$）だけがしか自分に返ってこない（(1)式の左辺を見よ）。しかし、x 円の寄付は、99人のほかの学生に、合計で $99 \times 0.02x = 1.98x$ もの便益を生み出すので、自分も含めると社会全体で $0.02x + 1.98x = 2x$ という、寄付の額 x より大きい便益を生む。各人は、寄付をするときに自分に返ってくるごくわずかな便益をみて、社会全体に及ぼす大きな便益を無視してしまうので、結果として「誰も寄付しない」という非効率的な状態がナッシュ均衡となってしまうのである。

> **コメント** これは、「非効率的な戦略（$x = 0$）が支配戦略になってしまっている」という点で、囚人のジレンマとよく似たゲームであり、公共財の自発的提供ゲームと呼ばれています。

A3 (1) 企業 i の生産量を q_i と書くと、企業1の利得（利潤）は

$$\pi_1 = (\underbrace{(8-(q_1+q_2))}_{P}-\underbrace{4}_{限界費用})q_1 = 4q_1-q_1q_2-q_1^2$$

である。上の式から、相手の生産量 q_2 が与えられているとき、企業1の利潤は自分の生産量 q_1 の2次式になっていることがわかる。そのグラフは、上に凸な形（⌒）をしているので（利潤は自分の生産量の凹関数なので）、利潤を最大化する点（グラフの頂点）はグラフの接線の傾きがゼロになっている点である。接線の傾きは微分 $\frac{d\pi_1}{dq_1}$ なので、利潤最大化条件（「1階条件」と呼ばれるもの）は

$$0 = \frac{d\pi_1}{dq_1} = 4-q_2-2q_1 \tag{2}$$

である。企業2の利潤最大化条件は、上の式の q_1 と q_2 を入れ替えたものなので、

$$0 = \frac{d\pi_2}{dq_2} = 4-q_1-2q_2 \tag{3}$$

である。ナッシュ均衡では、お互いが相手の生産量に対して最適に反応し、利潤最大化しているのだから、(2)、(3)式が成り立つ。この2つの式（最適の1階条件）を連立させて解くとナッシュ均衡の生産量 q_1 と q_2 が求まる。(2)式から $q_2 = 4-2q_1$ であり、これを(3)式に代入すると

$$0 = 4-q_1-2(4-2q_1) = -4+3q_1$$

なので、$q_1 = \frac{4}{3}$ である。これを、先の式 $q_2 = 4-2q_1$ に代入すると $q_2 = \frac{4}{3}$ である。したがって、ナッシュ均衡は

である。このとき価格は

$$P = 8 - \left(\frac{4}{3} + \frac{4}{3}\right) = \frac{16}{3}$$

であり、各企業の利潤は

$$(P-4)q_i^* = \left(\frac{16}{3} - 4\right)\frac{4}{3} = \frac{16}{9}$$

と計算できる。したがってナッシュ均衡は $(q_1^*, q_2^*) = (\frac{4}{3}, \frac{4}{3})$、価格は $\frac{16}{3}$、各企業の利潤は $\frac{16}{9}$ となる。

(2) ナッシュ均衡はお互いが限界費用に等しい価格をつける点 $(p_1^*, p_2^*) = (4, 4)$ で、各企業の利潤はゼロである。この点がナッシュ均衡である理由は次の通り：この点から出発して、自分一人だけが価格を上げると、顧客が来なくなって利潤はゼロのままである。逆に、自分一人だけが価格を下げると、顧客がすべて自分のところに来るが、価格が原価（4）を割っているので赤字であり、価格を下げる前（利潤ゼロ）より損をしている。よって、この点では「自分一人だけが行動を変えても得しない」というナッシュ均衡条件が満たされている。

また、この点以外の状態はすべて、誰かが価格を変えると得をする状態である（ナッシュ均衡でない）ことが次のように確認できる。場合分けをするために、2つの価格の小さいほうを $p^0 = \min\{p_1, p_2\}$ と書くことにしよう。

〈ケース1：$p^0 < 4$ のとき〉この場合、p^0 をつけている企業は、お客を得ているが原価割れで赤字になっているので、価格を4まで上げて利潤ゼロとしたほうが得をする。

〈ケース2：$p^0 > 4$ で、2つの企業が違う価格をつけているとき〉高い価格をつけている企業はお客が来ないため利潤ゼロであるが、価格を相手と同じ $p^0 > 4$ まで下げると、お客が来るようになり正の利潤を得られる。

〈ケース3：$p^0 > 4$ で、2つの企業が同じ価格をつけているとき〉相手よりわずかに低い価格をつけると、価格はほとんど変わらないのに相手の顧客をすべて奪えるので、利潤がほぼ2倍になって得をする。

すると、残りのケースは $p^0 = 4$ のときだけである。もし、一方の企業が4より高い価格をつけてるいると、$p^0 = 4$ をつけている企業は、現在の利潤は（価格と原価が等しいので）ゼロだが、相手と同じ水準まで価格を上げると正の利潤を得ることができて得をする。よって、最後に残ったケースは両方の企業が価格4をつけている状態（すでにナッシュ均衡になっていることを最初に確認したケース）のみで、この状態以外はナッシュ均衡になっていないことが示せた。

したがって、ナッシュ均衡価格は $(p_1^*, p_2^*) = (4, 4)$ で、各企業の利潤はゼロ。

A4 (1) $x_1, ..., x_K$ のどれかの値をそれぞれ確率 $p_1, ..., p_K$ で取る確率変数 $\tilde{x}$ の期待値とは、

$$E[\tilde{x}] = p_1 x_1 + \cdots + p_K x_K$$

のことである。このくじの期待値は $\frac{1}{3} \times 6000 + \frac{2}{3} \times 0 = 2000$（円）である。

(2)「くじの賞金の期待値に等しい金額を確実にもらえる」ことをAとし、「くじを引くこと」をBとすると、AのほうがBより望ましいと思う人を危険回避的、BのほうがAより望ましい人を危険愛好的、どちらでもよい（AとBが無差別である）人を危険中立的と言う。

(3) $E[u(\tilde{x})] = \frac{1}{3} u(6000) + \frac{2}{3} u(0)$

(4) 図2を参照。

(5) $u(0)$ の値はゼロでなくてもよいが[1]、$u(0) = 0$ として図を書くと図3の通りとなる。くじの期待値を確実にもらったときの効用＝B（＝$u(2000)$）のほうが、くじの期待効用＝Aより大きい。Aがくじの期待効用であるのは、くじの結果として得られる効用である $u(0) = 0$ と $u(6000)$ を、それぞれ

---

[1] $u(x)$ がある人の危険に対する態度を表す効用関数なら、「$u(x)$＋定数」も同じ人の危険に対する態度を表す効用関数であることから。

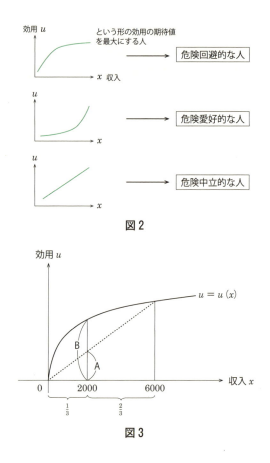

図2

図3

の確率 $\frac{1}{3}$ と $\frac{2}{3}$ で加重平均したものがAだからである（A $= \frac{1}{3}u(6000) + \frac{2}{3}u(0) = E[u(\tilde{x})]$）。

A5 (1) 各プレイヤーは表と裏を確率 $\frac{1}{2}$ で取る。[理由] 混合戦略均衡では、各プレイヤーは表と裏のどちらを選んでも期待利得が同じでなくてはならない（そうでなければ、期待利得が高いほうを確率1で選んだほうがよいので、ランダムに行動を取るのが最適にならない）。いま、プレイヤー1の利得に注目すると、表9の通りとなる。

　プレイヤー1が表裏のどちらを選んでも期待利得が同じという条件は上の図の①＝②であり、この式を解くと $p = \frac{1}{2}$ となる。プレイヤー2に

	表	裏
表	1	-1
裏	-1	1

(↓プレイヤー 2 が表と裏を取る確率)
p　$1-p$

プレイヤー 1 の期待利得
→ $p - (1-p) = 2p - 1$　①
→ $-p + (1-p) = 1 - 2p$　②

表 9

ついても同様である。

(2) 上と同様の計算により、(サッカーに行く確率, ショッピングに行く確率) は、男は $(\frac{3}{5}, \frac{2}{5})$、女は $(\frac{2}{5}, \frac{3}{5})$ である。

発展問題と現実への応用

B1 (1) 屋台が 3 つだと、純粋戦略のナッシュ均衡はない。これは、次のように示される。

①3 つの屋台が同じ位置にないときは、均衡でない：この場合は、「3 つの屋台の中で、自分が一番端に位置している」「しかも自分と同じ位置にほかの屋台はいない」ような屋台があるはずである（たとえば図 4 (a) の屋台 C）。このような屋台は、ほかの屋台に近づけば、自分と端の間の顧客を失うことなく、ほかの屋台から顧客を奪うことができる（図 4 (a) の矢印を見よ）。「自分一人だけが位置を変えれば得をする」のだから、これは均衡ではない。

②3 つの屋台が同じ位置にいるのは均衡ではない：この場合、各屋台は $\frac{1}{3}$ ずつの顧客を得ているが、ある屋台が一人だけ左右どちらか（端までの距離が遠いほう）にわずかにずれると、そこから端までの $\frac{1}{2}$ 以上の顧客を確保できて得をする。よって、この状態も均衡ではないので、(純粋戦略の) ナッシュ均衡はない。

また、屋台が 4 つだとナッシュ均衡は存在し、図 4 (b) のように異なった場所に屋台が位置する状態が均衡になる。この状態では、各屋台は $\frac{1}{4}$ の顧客を得ているが、これが均衡になっていることは次のようにして確認できる。いま、図 4 (b) の $\frac{1}{4}$ の点にいる屋台 A に注目してみよう。

①A が左に動くとき：A に来る顧客は 0 と $\frac{1}{4}$ の間にいるものに限られるため、利得はそのような顧客の数である $\frac{1}{4}$ を超えることができない（つまり左に動いても得しない）。

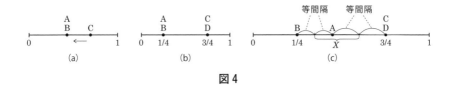

図 4

②Aが右にちょっと動く（$\frac{1}{4}$と$\frac{3}{4}$の間に移動する）場合：図 4 (c)で示したXの範囲のお客がやってくる。Xの長さ（＝顧客の数）はつねに、$\frac{1}{4}$と$\frac{3}{4}$の距離（差）＝$\frac{1}{2}$の半分であることが、図からわかるだろう。つまり、この場合の顧客の数は$X = \frac{1}{4}$なので、ここに動いても得しない。

③Aが、CとDのいる$\frac{3}{4}$に動く場合：A, C, Dで$\frac{1}{2}$から 1 までの顧客（$\frac{1}{2}$）を均等に分けるので、利得は$\frac{1}{6}$となり損をする。

④Aが$\frac{3}{4}$より右に動く場合：①と同様で、得しない。

どの屋台についても上と対称的な説明が当てはまるので、図 4 (b)の状態がナッシュ均衡になっている。

以上のことを選挙戦に当てはめると、次のようなことがわかる。政党が 2 つならば、2 つの政党の政策（マニフェスト）は、中間層をねらった似通ったものになる。政党が 3 つなら、安定な状態がないため、政策は不安定に変動する。政党が 4 つなら、「保守的な似通った政策を持つ政党 2 つ」と「リベラルな似通った政策を持つ政党 2 つ」にわかれる。

(2) 頭の体操のため、自分で考えてみよう！　答えだけを書いておく：公園が長方形なら、その中心点に二つの屋台が位置するのがナッシュ均衡になる。しかしながら、公園が正三角形の場合は、（純粋戦略の）ナッシュ均衡は存在しない。

B2 (1) 駒場→新宿→本郷に1000台、駒場→赤坂→本郷に1000台と、均等に分かれるのがナッシュ均衡である。通行時間はどちらも

$$40 + \left(10 + \left(\frac{1}{100}\right) \times 1000\right) = 60 \text{ 分}$$

なので、自分の通っていないルートに迂回しても交通時間を減らすことはできない。

(2) 2000台すべてが、駒場→赤坂→新宿→本郷を通るのがナッシュ均衡で、通行時間は

$$\left(10+\left(\frac{1}{100}\right)\times 2000\right)+8+\left(10+\left(\frac{1}{100}\right)\times 2000\right)=68 \text{ 分}$$

となる。このルートによって駒場→赤坂→新宿へ行く時間は、$(10+\frac{1}{100}\times 2000)+8 = 38$ 分で、新宿へ駒場から直接行く時間（40分）より短い。同様に、赤坂→新宿→本郷の方が、赤坂から本郷に直接行くより早い。よって、このルートから一人だけ迂回しても通行時間を節約することはできないので、ナッシュ均衡になっている。バイパスを作ったおかげで便利なルートに車が殺到し、かえって通行時間が（8分）長くなっていることに注意されたい。「バイパスを作るとかえって通行時間が長くなる」というこの現象を、交通工学では**ブライスのパラドックス**と呼んでいる。現実にも、
- 韓国ソウル市の清溪川改修工事では、6車線の幹線道路を取り壊して全長8kmの公園に作り変えたところ、街の交通は悪化するどころか改善した
- 米国のニューヨーク市では、1990年に42丁目を閉鎖することによって周辺の渋滞が緩和された

などの事例が報告されている[2]。

(3) バイパスがあっても使わないことができるので、問(1)のように車がわかれば全員が得をすることができる。つまり、バイパスができた後のナッシュ均衡はパレート非効率なのである。つまり、この問題は「個人の合理性」が「全体の合理性」を導かないことの一例となっている。個人の合理性と全体の合理性が乖離するのは、ナッシュ均衡では自分の行動が他人に及ぼす損害や利益を考慮しない、つまり、「自分がある道路を通ると、混雑が起こって他人の通行時間が遅れる」という効果を考慮に入れずに行動するからである

B3 (1) 完全競争市場では、供給曲線＝限界費用曲線　なので、図5(a)の E

---

[2] 「ブライスのパラドックス」『フリー百科事典 ウィキペディア日本語版』を参考にした。

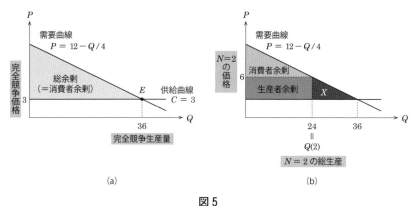

図5

点が均衡になる。利潤はゼロで、「総余剰 = 消費者余剰」となっている。

(2)(3) 企業数 N の場合のナッシュ均衡を求めると、次のようになる。どの企業も対称的なので、企業1の利潤をみると、各企業の生産量を q_i として、

$$\pi_1 = \left(\left(12 - \frac{q_1 + \cdots + q_N}{4}\right) - 3\right) q_1$$

となっている。これを最大化する1階条件は

$$0 = \frac{d\pi_1}{dq_1} = 9 - \frac{q_2 + \cdots + q_N}{4} - \frac{q_1}{2}$$

各企業は対称的なので、ナッシュ均衡も対称的 ($q_1 = \cdots = q_N = q$) であるとアタリをつけて上の式を解くと、

$$0 = 9 - \frac{(N+1)q}{4} \quad \Rightarrow \quad q = \frac{36}{N+1}$$

となり、企業数が N のときの総生産量は

$$Q(N) = \frac{N}{N+1} \boxed{36}$$
↑
完全競争の総生産量

となる。つまり、$N = 2$ のときは、総生産量は完全競争のときの $\frac{2}{3}$ にな

り、完全競争のときに比べ総余剰が図5(b)の X だけ少なくなっている（寡占による余剰の損失 = 死荷重）。しかし、N が大きくなると $\frac{N}{N+1}$ は1に近づいていくことから、**企業数が増えると完全競争に近づく**という、**市場競争の基本法則**がゲーム理論（ナッシュ均衡）から導けたことになる。

(4) 完全競争に近づくほど、利潤は減るもののそれ以上に消費者余剰が増え、総余剰は増える。したがって、過当競争を制限して利潤を確保したほうが一国全体の利益になる、という考えは間違いであることがわかる。

> **コメント** 「数量競争する企業の数が増えていくと、完全競争に近づく」ということを、クールノーの極限定理と言います。

B4 どちらの現象も、**A2** にあるのと同じように、「自分の行動が他人に与える損害や便益」を考慮しないことから起こる「ナッシュ均衡の非効率性」の例である。つまり、ある国が温暖化ガスの排出を抑制するとその便益は世界中に広く行き渡るが、そのごく一部しか自国に返ってこない。このため自国の国益に従って動く各国政府はなかなか世界全体のためになる温暖化ガスの排出抑制を達成できないのである。また、ある漁船がマグロの乱獲を制限すると、将来にわたってマグロが絶滅せずにすむのだが、その便益は多くのマグロ漁船に広く行きわたり、そのごく一部しか自分に返ってこないために、乱獲はなかなか止まらないのである。

　このような場合は、自由放任に任せていてはダメで、利己的な行動を規制することが必要となる。たとえば、ある国の漁業資源を維持するには、国内の漁民に漁獲量を制限するような法律や政令を作ることが望まれる。欧米ではうまく機能しているこうした規制が日本では未発達なのは問題である。一方で地球温暖化については、各国の行動を規制する「国際司法機関」が存在しないため、問題の解決は格段に難しくなる。

> **コメント** このように、「地球環境」「漁業資源」といった共通の資源が利己的な行動によって荒らされてしまう現象を、共有地の悲劇と言います。

社長＼泥棒	自宅に入る	会社の金庫を狙う
自宅に保管	−80, 80	0, 0
会社の金庫に保管	0, 0	−10, 10

表10

B5 (1) 表10を参照（単位は万円）。

(2) **A5** (1)と同様に、混合戦略均衡を求めることができる。泥棒が自宅に入る確率を p とすると、「社長は、自宅と会社のどちらに保管しても、同じ期待効用を得る」という条件は $-80p = -10(1-p)$ なので、これを解いて $p = \frac{1}{9}$ となる。同様に、「泥棒は、自宅に盗みに入っても会社に盗みに入っても無差別である」（期待利得が同じ）という条件から、社長が自宅に保管する確率は $q = \frac{1}{9}$ となる。よって、社長が自宅に保管する確率 $\frac{1}{9}$、泥棒が自宅に入る確率 $\frac{1}{9}$。

(3) 社長が混合戦略均衡通りに行動すると、**泥棒が自宅に入った場合**に盗まれる確率は、「社長が自宅に隠す確率」×「自宅に入った泥棒が盗みに成功する確率」なので、

$$\frac{1}{9} \times 0.8 = 0.088... \tag{4}$$

である。一方、社長が混合戦略均衡通りに行動するとき、**泥棒が会社に入った場合**に盗まれる確率は、「社長が会社に隠す確率」×「会社に入った泥棒が盗みに成功する確率」なので

$$\frac{8}{9} \times 0.1 = 0.088... \tag{5}$$

である。これは、(4)式と同じである。つまり、社長が混合戦略均衡通りに行動すると、泥棒が何をやっても必ず、盗まれる確率を「安全な会社の金庫に隠すとき」の確率0.1より低くすることができるのである。このような場合、ゲーム理論を知っていれば、相手が賢いかどうかに関係なく、お金を盗まれる確率を確実に低くできるのである。

コメント 上記のような考えを応用して、空港における警備体制をランダムに変

えることでテロリスト対策をすることが、実際にロサンゼルス空港で行われて成果を上げています[3]。

コメント このようなことが起こるのは、この問題が「ゼロ和2人ゲーム」だからです。ゼロ和2人ゲームで、すべての戦略を正の確率で取る混合戦略均衡がある場合には、(混合戦略均衡の性質から)「自分が均衡戦略を取ると、相手がどの(純粋)戦略を取っても、相手の期待利得は変わらない」ということが成り立っているはずです(**A5**(1)を見てください)。ここで、ゼロ和2人ゲームにおいては、

$$相手の利得 = -(自分の利得)$$

であることを使うと、「自分が均衡戦略を取ると、相手がどの(純粋)戦略を取っても、自分の期待利得は変わらない」ということになります。つまり、混合戦略均衡の戦略を使うことによって、相手がどう行動しても、つねに同じ期待利得を自分に保証できるのです。

B6 (1) 純粋戦略ナッシュ均衡 a^* とは、「自分一人だけが戦略を変えても得をしない」状態であり、この条件をプレイヤー1について書いてみると、

$$すべての a_1 について、g_1(a_1^*, a_2^*) \geq g_1(a_1, a_2^*)$$

である。プレイヤー1は賞金が多いほど嬉しいので、「賞金が多いほど大きい数字」を利得 g_1 にしておけば、どの利得を使っても、同じ純粋戦略ナッシュ均衡が求められる。特に、与えられた表の数字(賞金)をそのままプレイヤー1の利得と考えてよい。

(2) 効用 $u(x)$ の期待値を最大化する人と、効用 $au(x)+c$ (a は正の定数) の期待値を最大化する人は、どちらも同じように行動する。なぜなら、効用 $au(x)+c$ の期待値は

---

[3] 詳しくは、M. Tambe (2011) *Security and Game Theory: Algorithms, Deployed Systems, Lessons Learned*, Cambridge University Press を見よ。

$$E[au(x)+c] = aE[u(x)]+c$$

なので（期待値の定義からこうなります）、a が正なら $u(x)$ の期待値の最大化と $au(x)+c$ の期待値の最大化は同じになるからである。つまり、ある人の危険に対する態度を表す効用関数（ノイマン・モルゲンシュテルン効用関数）は一つではなくたくさんある。$au(x)+c$ $(a>0)$ は、a, c の値が何であっても同じ人の効用関数なので、原点 c とスケール a を適当に取ることにより、「一般性を失うことなく、最低の利得はゼロ（$u(1)=0$）、最高の利得は 1 （$u(10)=1$）としてよい」のである。

(3) 最低の利得はゼロ（$u(1)=0$）、最高の利得は 1 （$u(10)=1$）としたとき、中間の利得 $u(2)$ の値を決めるためには、プレイヤー 1 に次のような質問をすればよい。

> 賞金 2 を確実にもらうのと、確率 p で賞金 10 を、確率 $1-p$ で賞金 1 をもらうのを比べた場合、両者が同程度に好ましくなる（無差別になる）のは p がいくらのときか？

この答えが、実は賞金 2 の効用 $u(2)$ なのである（$p=u(2)$）。理由は次の通り。上記の無差別の条件は、

$$u(2) = pu(10)+(1-p)u(1)$$

と書けるが、最高の利得は 1 （$u(10)=1$）、最低の利得はゼロ（$u(1)=0$）と基準化したので、$u(2)=p$ なのである。$u(6)$ についても同様である。

B7 (1) 正しくない。結果が「勝ち」「負け」の二つだけの場合、プレイヤーの期待利得は、勝ったときの利得を u、負けたときの利得を u'、勝つ確率を p とすると、

$$pu+(1-p)u' = p(u-u')+u'$$

である。したがって、勝つほうが嬉しい限り（$u-u'>0$）、プレイヤーの危険に対する態度とは関係なく、プレイヤーはつねに勝つ確率 p を最大化しようとする。つまり、**結果が勝ちか負けかの二つの場合、プレイ**

ヤーの行動は危険に対する態度とは無関係につねに同じになる。
(2) キッカーが誰か、キーパーが誰かで利得表は異なる可能性がある。例として、半分のデータがスペイン人のキッカーAとキーパーX、残り半分がイタリア人のキッカーBとキーパーYの対戦データであったとしよう。全員が均衡通りに行動したとしたとき、

スペインの利得表から計算した均衡戦略に、キッカーAは従い、
イタリアの利得表から計算した均衡戦略に、キッカーBは従う

はずである。しかし、問題の利得表（表7）は

$$\frac{1}{2}(スペインの利得表)+\frac{1}{2}(イタリアの利得表)$$

なので、これから計算したキッカーの均衡戦略は、イタリアとスペインのデータを合計したものから計算したキッカーの戦略である

$$\frac{1}{2}(キッカーAの均衡戦略)+\frac{1}{2}(キッカーBの均衡戦略)$$

とは一般には異なるものになる（数式で証明してもよいし、簡単な例をつくって確かめてもよい）。したがって、異なるプレイヤーのデータを合計して利得表を計算すると、たとえ全員が均衡に従っていたとしても、利得表から計算された均衡戦略と実際の戦略が一致する保証はない。『ミクロ経済学の力』事例6.6で示したデータがうまく現実の行動と一致したのは、プレイヤーの異質性が少なかったからであると思われる。実際、異なったデータに基づいた分析では、両者が一致しないことが報告されている[4]。
(3) 混合戦略均衡が成り立っていれば、サーバーが右に打っても左に打ってもサーブが決まる確率は同じであるはずである。これが成り立っているかどうかを統計的に検定すれば、テニスプレーヤーが混合戦略通りに行動しているかどうかが（レシーバーの戦略が観察できなくても）わかる。

---

4 P.-A. Chiappori, S. Levitt and T. Groseclose (2002) "Testing Mixed-Strategy Equilibria When Players Are Heterogeneous: The Case of Penalty Kicks in Soccer," *American Economic Review*, 92(4), pp.1138-1151.

テニスの試合では、同じプレイヤーが同じ日に対戦した中でサーブのデータが大量に取れるので、問(2)で問題になった「異なったプレイヤーのデータが混ざることによる問題」が起きない利点がある。

この検定を行ったところ、プロテニスプレイヤーたちはかなり忠実に混合戦略均衡に従って行動していることが、経済学者のWalkerとWoodersによって発見された[5]。

経済学ビフォーアフター

C1 (1) すべての $0 < t < 1$ とすべての $a \neq b$ について、$tu(a) + (1-t)u(b) < u(ta + (1-t)b)$。

(2) 中間の消費点 $t(x_B', y_B') + (1-t)(x_B'', y_B'')$ における期待効用は

$$pu(tx_B' + (1-t)x_B'') + (1-p)u(ty_B' + (1-t)y_B'')$$

であるが、u が強い凹関数であること（問(1)の条件）を使うと、これは次のものよりも厳密に大きい：

$$p[tu(x_B') + (1-t)u(x_B'')] + (1-p)[tu(y_B') + (1-t)u(y_B'')]$$
$$= t\underbrace{[pu(x_B') + (1-p)u(y_B')]}_{(x_B', y_B')\text{での期待効用}} + (1-t)\underbrace{[pu(x_B'') + (1-p)u(y_B'')]}_{(x_B'', y_B'')\text{での期待効用}}$$

よって、危険回避的な人においては、二つの消費点 $(x_B', y_B') \neq (x_B'', y_B'')$ が同じ無差別曲線上にあるならば、両者の中間の消費点 $t(x_B', y_B') + (1-t)(x_B'', y_B'')$ $(0 < t < 1)$ における期待効用は、もとの二つの消費点の期待効用より大きくなる。よって、危険回避的な人の無差別曲線は原点に向かって凸な形をしている。

(3) 無差別曲線を $y = y(x)$ と書くと（簡素化のため、下付きの添え字 B を省略する）、定義より

$$pu(x) + (1-p)u(y(x)) = 一定$$

である。両辺を x で微分すると、

---

5 M. Walker, and J. Wooders (2001) "Minimax Play at Winbledon," *American Economic Review*, 91(5), pp.1521-1538.

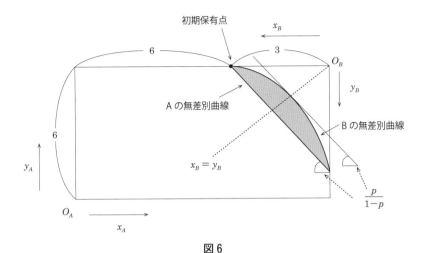

図6

$$pu'(x)+(1-p)u'(y)y'(x) = 0$$

なので、これより無差別曲線の（接線の）傾きの大きさ（絶対値）＝限界代替率は

$$-y' = \frac{pu'(x)}{(1-p)u'(y)}$$

である。$x = y$ の点でこれを評価すると、限界代替率は $\frac{p}{1-p}$ に等しいことがわかる。

(4) 株と安全資産を適当に交換して図6の灰色の部分に進むと、AさんとBさんの両方の効用を上げることができる。このように、金融市場は社会におけるリスクの効率的な分担を達成するという社会的価値を生み出すものなのである。

7 時間を通じたゲームと戦略の信頼性

本章で学ぶこととキーワード

キーワードの意味がわかっているかどうか、□にチェックマークを入れてみよう！

第7章　時間を通じたゲームと戦略の信頼性
7.1　**例：銀行の破綻処理**
7.2　**部分ゲーム完全均衡**

　時間を通じたゲームは、ゲームの木を使った「展開型」というモデルで表現できる。ゲームの初めのほうでプレイヤーがどう行動したらよいかは、将来何が起こるかに依存する。したがって、合理的なプレイヤーは、将来何が起こるかを見越して、現在の行動を決めることになる。このことを分析するには、ゲームの一番終わりのほうで何が起こるかをまず求め、順次前にさかのぼってプレイヤーの行動を決めていけばよい。

　このように、「ゲームを後ろから解く」ことは、全体のゲームの中に入っている小さなゲーム（部分ゲーム）を順次後ろから解いていくことに対応する。このようにして求めたものを、部分ゲーム完全均衡と言う。部分ゲーム完全均衡は、各時点でプレイヤーが合理的に行動することを要求するもので、信頼性のない脅しや「はったり」をプレイヤーが信じてしまうことを排除するものである。

□ 展開型　□ ゲームの木　□ 情報集合
□ 時間を通じたゲームにおける戦略＝条件付き行動計画
□ 部分ゲーム　□ 部分ゲーム完全均衡　□ 信頼性のない脅し

7.3 寡占への応用（Ⅱ）：シュタッケルベルク・モデル

二つの企業が存在する市場で、まず一つの企業が生産量を決め、次にもう一つの企業がそれを見てから自らの生産量を決めるような2段階ゲームを、シュタッケルベルク・モデルと言う。その部分ゲーム完全均衡においては、最初に動く企業（リーダー）の生産量と利潤は、同時手番のときよりも大きくなる。

☐ シュタッケルベルク・モデル　☐ リーダー
☐ フォロアー　☐ 等利潤曲線と反応曲線の関係

7.4 コミットメント

自分一人で意思決定をする場合には、各時点で最適な手を選んでゆけば、全体として最適な結果が得られる。しかしながら、相手がいる場合（時間を通じたゲーム）では、自分の手を縛って最適な行動を取れないようにしておくと、相手の行動が自分にとって有利に変化して、かえって得をすることがある。このように、「実効性のある仕組みを作って、最適でない手しかとれないようにする」ことを、コミットメントと言い、多くの社会・経済問題を理解する上で役に立つ概念である。

☐ コミットメント　☐ 最適政策の時間不整合性

7.5 長期的関係と協調

「みんなのためになる行動を取る（協調する）より、なまけたほうが得」であるため、1回限りの関係の中ではなかなか協調が成立しないことが多い。しかし、当事者どうしが長期的な関係を結ぶならば、「今日なまけると、大切な協調関係が将来崩れてしまって、かえって損をする」というような思惑が働いて、協調が達成できる。このようなことを示す理論モデルが「くり返しゲーム」であり、企業が共謀して価格を吊り上げるカルテル行為などをうまく説明することができる。

☐ くり返しゲーム　☐ 割引因子　☐ トリガー戦略　☐ カルテル

復習問題：基本中の基本を身につけよう！　A

A1 部分ゲーム完全均衡とは：部分ゲームとは何かを、時間を通じたゲームを表す「展開型」の言葉を使って定義し、次に日常の言葉を使って部分ゲームを定義せよ。また、部分ゲーム完全均衡とは何かを説明せよ。さらに、図1のゲームの部分ゲーム完全均衡を求めよ。

A2 ゲームの木と部分ゲーム：第6章 **A5** (1)の硬貨合わせゲームを1回行って、その結果を見た後、再び硬貨合わせゲームをする、という時間を通じたゲームを考える。

(1) このゲームの**展開型**を図示せよ。ただし、利得は表示しなくてよい。

(2) このゲームには、(全体のゲームの他に)「第1回目の硬貨合わせ」と「第2回目の硬貨合わせ」の二つの部分ゲームがある、という主張が正しいかどうかを理由を付して答えよ。間違っている場合、部分ゲームが(全体のゲームの他に)いくつあるかを答えよ。

A3 応用問題による基本事項の確認：企業 $i = 1, 2$ は生産量 q_i を同時に選んで競争する。簡単化のため生産量は高いか ($q_i = H$)、低いか ($q_i = L$) の2通りであり、需要が高いか低いかに従って、両企業の利潤は表1のようになる。

いま、次のような2段階のゲームを考える。まず第1段階で、企業1が市場開拓の投資をするかしないかを決める。投資すると需要は高くなり、投資しなければ需要は低い。第2段階では、両企業は生産量を同時に選ぶ。投資の費用は6である(したがって、投資したときの企業1の利得は「第2段階の利得 − 6」である)。企業1の投資を企業2が観察できる場合について、以下の問いに答えよ。

(1) このゲームを、展開型を使って図示せよ。

(2) 部分ゲームの定義を述べ、このゲームには(全体のゲームの他に)どのような部分ゲームがあるかを、理由を明記して説明せよ。

(3) 部分ゲーム完全均衡を求めよ。

(4)「時間を通じたゲームの戦略とは、条件付きの行動計画のことである」
　「時間を通じたゲームの戦略＝実際にプレイヤーが取る行動とは限らな

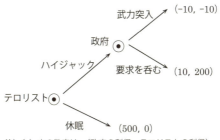

図1

	H	L
H	9, 9	8, 4
L	4, 8	5, 5

〈需要が高いとき〉

	H	L
H	-2, -2	2, 1
L	1, 2	4, 4

〈需要が低いとき〉

表1

い」ということを、このゲームの企業の均衡戦略を例に取って説明せよ。

A4 寡占への応用：需要曲線が $P = 10 - Q$ である市場に、同一で一定の限界費用 $MC = 2$ を持つ企業1、2がいる。まず企業1が生産量を選び、それを見た上で企業2が生産量を選ぶという**シュタッケルベルク・モデル**の部分ゲーム完全均衡における、各企業の生産量を計算せよ。

A5 コミットメントとは：事後的に最適でない行動しか取れないようにしておく（コミットする）と、かえって得をするということが、**A3**のゲームにおいて起こるかどうかを考えよ。また、コミットメントが得をするという例を、現実問題の中から探して一つ答えよ（ただし、教科書や授業でよく取り上げられるのではない、オリジナルな答えを評価する）。

A6 くり返しゲームと協調：表2にあるようなゲーム（囚人のジレンマゲーム）を時間 $t = 0, 1, 2, \ldots$（無限の将来まで）の各期間でプレイする**くり返しゲーム**を考える。各人は1期間先の利得を割引因子 δ で割り引くものとする（$0 < \delta < 1$）。

「均衡では各期各人は C をプレイするが、いったん誰かが均衡から逸脱し

	C	D
C	5, 5	0, 6
D	6, 0	2, 2

表2

て D をプレイすると永久に各人は D を取り続ける」という**トリガー戦略**が部分ゲーム完全均衡になるための条件を説明し、それを満たすには、割引因子 δ の大きさは最低いくらでなければならないかを計算せよ。

発展問題と現実への応用　　B

B1 **経営者は合理的でないほうがよい？**：市場需要曲線が $P = 8 - Q$ である市場に、二つの企業 $i = 1, 2$ がいる。両企業とも、同一で一定の限界費用 $MC = 2$ を持つ。

(1) 両企業が生産量を同時に決定するときの、各企業のナッシュ均衡生産量と利潤を求めよ。

(2) ここで、両企業が同時に生産量を選ぶ前に、企業1は利潤ではなく売上高（価格×生産量）を最大化する生産量を選ぶ人を経営者にし、企業2はそのような経営者が企業1にきたことを観察したとする。この場合の各企業の生産量と企業1の利潤を計算せよ。

(3) 問(1)と問(2)の利潤を比べ、企業1は**利潤最大化をしない経営者を連れてくるほうが得をする**かどうかを述べよ。そのようなことが起こる理由を、以下の中から最もふさわしいキーワードを一つ選んで、それを必ず使ってなるべく詳しく説明せよ。

　　　モラルハザード　コミットメント　逆淘汰　危険回避
　　　トリガー戦略

B2 **図書館誘致の交渉を部分ゲーム完全均衡で理解する**：ある町の住民 A, B, C が、新しくできる図書館の位置を次の手順で決定する。どの住民も、なるべく自宅の近くに図書館を誘致したい。A, B, C の自宅の位置は、図2 にあるように、それぞれ (2, 1), (3, 0), (0, 0) である。

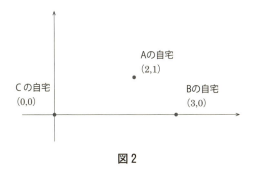

図2

　まず、Aが図書館の位置を提案し、次にそれを見たBが図書館の位置の対案を出す。最後に、市長であるCが、AとBの提案のどちらかを選ぶ。このとき実現する図書館の位置を、部分ゲーム完全均衡をもとにして求めよ。

B3 **談合とゲーム理論**：公共工事の入札においては、業者が工事請負の金額を同時に提出して、一番安い金額を出したものが工事を受注する。入札には、通常発注する側にとって「これ以上のお金は工事に出せない」という上限金額（入札予定価格と言う）があるのだが、請負業者が共謀して、予定価格ぎりぎりの高い金額で工事を請け負うことが多発している。これを、**入札談合**と言う。このことを、くり返しゲームを使って説明してみよう。以下の問題では、入札金額は（1円単位ではなく）連続な値を取るとしたほうが、答えがより簡単になるので、そのように考えよ。

(1) N 人の業者が工事を行うための費用はどこも同じで、1000万円であるとする。入札に勝った業者の利得は、入札金額 − 1000（万円）である。入札が1回限りであるときのナッシュ均衡を求め、業者の利得を計算せよ。

(2) N 人の業者が毎年（$t = 0, 1, 2, \ldots$）くり返し入札に参加するとする。業者は1年先の利得を割引因子 $\delta = 0.9$ で割り引く。このとき、「毎年くじを引いて等確率で誰か一人を落札予定者とし、落札予定者は上限価格（3000万円とする）を入札し、その他の業者は3000万円より高い金額を入札する」という取り決め（談合）をすることで、入札価格を不当に高く吊り上げることができる。この談合を破ったものが出たら、談合は破綻して談合のないときの結果（問(1)で求めた結果）が毎年実現する、と考える。業者の数が $N = 5$ のとき、各人が談合の取り決めに従う誘因があ

ることを説明せよ。

(3) 業者の数が多すぎると、談合は維持できないことが、このモデルで明らかにされる。談合が問(2)の方法で維持できる最高の業者数 N を求めよ。

経済学　ビフォー　アフター　C

本書pp.2-3の「経済学ビフォーアフター」において、「いくつかの問題を、自力で考えてみよう」と出題した問題（12）について、東京大学の受講生の意見分布と、「正解」と言えるものを教える。なぜ「正解」が正しいかを考えてみよ。

C1 金融不安が起こると、破綻しかけた金融機関や財政破綻しかけた国（ギリシャなど）を救済すべきかどうかで論争が起こる。正しい判断は、救済することの便益（現在の金融不安の払拭や、困っている国を助けるという社会正義の実現）と、救済にかかる費用（国民の税負担など）をきちんと比較し、前者が後者を上回るときに救済すべきである。

〔学生の意見〕 経済学 ビフォー 正しい（56%）、間違いである（44%）

〔正　　解〕 経済学 アフター 間違い！：この文章と、経営破綻したデパートを政府が救済するか否かをめぐって起こった事件を扱った図3の新聞記事を読み、上の文章とこの新聞記事が見落としている大切な論点があることを説明せよ。

💡 解答

復習問題

A1 部分ゲームとは、時間を通じたゲームを表す「展開型」というモデルの一部分で、次の3条件を満たすものを指す：

① 一つの分岐点から始まる
② その分岐点の後にくる分岐点と枝をすべて含む
③ 情報集合が外にはみ出していない

数学を使わずに言い換えると、

第 7 章　時間を通じたゲームと戦略の信頼性

図3

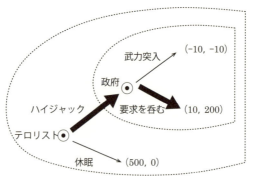

注)（ ）内の数字は、（政府の利得，テロリストの利得）。

図4

> ゲームのある時点で、その時点以降に動くすべてのプレイヤーが、
> これまでに起こったことをすべて観察している

という条件が満たされるとき、その時点からゲームが終了するまでを一つの部分ゲームと言う。また、時間を通じたゲームの戦略の組が、すべての部分ゲームでナッシュ均衡をもたらすとき、その戦略の組を部分ゲーム完全均衡と言う。

　与えられたゲームの部分ゲーム完全均衡は、図4の通り、すべての部分ゲーム（破線で囲まれた部分）でナッシュ均衡になっている太い矢印が表す戦略の組である。

A2 (1) 図5を参照。
(2) 間違いである。部分ゲームは、定義によって「ある時点からゲームが終了するまで」に対応するので、「第1回目の硬貨合わせ」は部分ゲームではない。また、「第2回目の硬貨合わせ」は一つの部分ゲームではなく、2回目が始まるまでに取られた行動の4つの歴史に応じて4つあることになる（図5の破線で囲まれた部分）。したがって、このゲームには部分ゲームは（全体のゲームのほかに）4つある。

A3 (1) 図6を参照。
(2) 部分ゲームの定義は、**A1** の答えの通り。このゲームには（全体のゲーム

第 7 章　時間を通じたゲームと戦略の信頼性　169

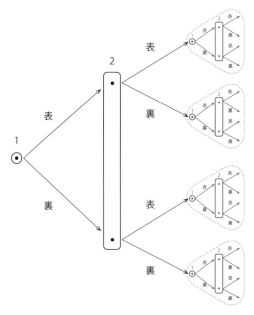

図 5

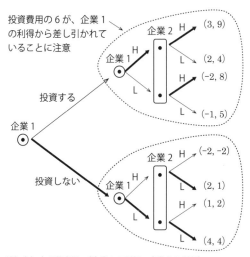

注）（　）内の数字は、（企業 1 の利得，企業 2 の利得）。

図 6

のほかに）図6の破線で示された部分ゲームが二つある（破線で囲まれた部分が、A1 の答えにある部分ゲームの条件①〜③を満たす）。また、言葉を使った部分ゲームの定義によると、企業1の投資が終わった時点で、すべてのプレイヤーは今までに起こったこと（企業1の投資）を見ているので、「企業1が投資をした時点からゲームが終わるまで」と、「企業1が投資をしなかった時点からゲームが終わるまで」の二つの部分ゲームがあることになる。

(3) 図6の太い矢印で示された戦略の組が、部分ゲーム完全均衡である。

(4) このゲームの部分ゲーム完全均衡において、プレイヤーが**実際に取る行動**は、「企業1は投資をせず、生産量Lを選ぶ」「企業2は、生産量Lを選ぶ」ということである。一方、**各プレイヤーの均衡戦略**は、

〈企業1〉「第1段階では投資をしない。第2段階では、もし第1段階で投資をしなかったら生産量Lを選ぶ。もし投資をしていたら、生産量Hを選ぶ。」

〈企業2〉「もし企業1が投資をしたら生産量Hを選び、企業1が投資をしなかったら生産量Lを選ぶ。」

という、条件付きの行動計画のことである。

A4 ゲームを後ろから解くとよい。

[**企業1の生産量 q_1 が与えられた後の部分ゲームを解く**] これは、企業2だけが動くゲームで、企業2の利得は

$$\pi_2 = (P-MC)q_2 = (8-q_1-q_2)q_2$$

である。これは、q_2 の2次式なので、そのグラフ（横軸に q_2 を取り、縦軸に π_2 を取ったもの）は上に凸の放物線である。（π_2 は q_2 に関する凹関数である。）したがって、企業2の利潤が最大になる点は、グラフの頂点（傾きがゼロ）であるという条件（1階条件）

$$0 = \frac{\partial \pi_2}{\partial q_2} = 8-q_1-2q_2$$

によって求められる。これを解くと、企業1の生産量 q_1 が与えられた後の

企業2の最適反応が

$$q_2 = R_2(q_1) = 4 - \frac{1}{2}q_1$$

と求まる。

［部分ゲームの企業2の行動を見越して、企業1の生産量 q_1 を決める］企業1の利潤は、企業2が2段階目で最適に反応してくることを見越すと、

$$\pi_1 = (\underbrace{10-(q_1+R_2(q_1))}_{P} - MC)q_1 = (4-\frac{1}{2}q_1)q_1$$

となる。これを最大化する生産量 q_1 を求める1階条件は、

$$0 = \frac{\partial \pi_1}{\partial q_1} = 4 - q_1$$

であり、これを解いて $q_1 = 4$。企業2の生産量は、これを企業2の最適反応関数に入れることにより

$$q_2 = R_2(4) = 4 - \frac{1}{2} \times 4 = 2$$

となる。よって、$q_1 = 4, q_2 = 2$。

A5 企業1が投資しなかった場合、企業2は生産量 L を取るのが（相手の生産量にかかわりなく）最適である（支配戦略である）。しかし、企業2が、「企業1が投資をしなかったときに生産量 H を選ぶ」という、事後的には最適でない行動しか取れないような仕組みをつくる（コミットする）なら、企業1は投資をしたほうが得になり、その結果企業2の利得はコミットしていないときの4から、9へ上がる（図7）。

実例は、自分で考えてみよう！

A6 このゲームでは、各期のはじめにすべてのプレイヤーが過去に起こったことをすべて見ているので、部分ゲーム完全均衡の条件は

「何が起こった後でも、プレイヤーたちはお互いに最適に反応し合

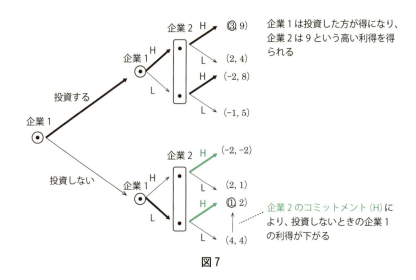

図7

っている」（＝すべての部分ゲームでナッシュ均衡が成り立っている）

ということである。もし、すでに誰かが裏切った後は、トリガー戦略に従うと、「ずっとお互い裏切り続ける」ことになり、これは割引因子にかかわらずお互いに最適反応している状態になっている。

次に、まだ誰も裏切ってないときには、自分からは裏切らないのが最適であるための条件を求める。上で見たように、裏切った後に最適反応して得られる利得は、（各期にお互いが D を取り合うので）2 である。したがって、自分から先に裏切って得られる最大の利得は今期が 6（自分が D、相手が C のときの利得）、それ以降はずっと 2 ということになる。したがって割引利得（くり返しゲームの利得）は

$$6+2\delta+2\delta^2+2\delta^3+2\delta^4+\cdots \tag{1}$$

である。一方、裏切らないときの利得は

$$5+5\delta+5\delta^2+5\delta^3+5\delta^4+\cdots \tag{2}$$

である。自分からは裏切らないほうがよい、つまり(2)式が(1)式以上である

という条件は

$$1 \leq 3\delta + 3\delta^2 + 3\delta^3 + 3\delta^4 + \cdots \tag{3}$$

である。(3)式の右辺を計算するためにこれを X と置くと、

$$X = 3\delta + (3\delta + 3\delta^2 + 3\delta^3 + \cdots)\delta = 3\delta + X\delta$$

なので、これを解いて $X = \frac{3\delta}{1-\delta}$ である。つまり、「自分からは裏切らないほうがよい」ための条件(3)式は、

$$1 \leq \frac{3\delta}{1-\delta} \tag{3'}$$

である。これを解くと、$\delta \geq \frac{1}{4}$ となる。この条件の下では、「まだ誰も裏切っていないなら、トリガー戦略に従う（自分からは裏切らない）のが、お互い最適反応になっている」のである。

以上より、トリガー戦略がこのゲームで部分ゲーム完全均衡となるには、割引因子は最低 $\frac{1}{4}$ でなくてはならない。

発展問題と現実への応用

B1 (1) 企業1の利得は

$$\pi_1 = (P - MC)q_1 = (6 - q_1 - q_2)q_1 \tag{4}$$

であり、π_1 は q_1 に関する凹関数である。したがって、（企業2の生産量 q_2 が与えられたときに）企業1の利潤が最大になる点は、1階条件

$$0 = \frac{\partial \pi_1}{\partial q_1} = 6 - 2q_1 - q_2 \tag{5}$$

によって求められる。企業2の利潤最大化の条件も、同様の議論により（上の(5)式の下付きの添え字の1と2を入れ替えればよい）

$$0 = \frac{\partial \pi_2}{\partial q_2} = 6 - 2q_2 - q_1 \tag{6}$$

である。企業がお互いに相手の生産量に対して最適に反応し合っている

状態（ナッシュ均衡）では、(5)式と(6)式が成り立っているので、これを解くと、$q_1 = q_2 = 2$ となる。企業 1 の利潤は、これらを(4)式に代入して、$\pi_1 = (6-q_1-q_2)q_1 = 4$ である。企業 2 の利潤も同様の計算から 4 である。したがって、各企業の生産量は 2、利潤は 4 である。

(2) 企業 1 が売り上げ高

$$W_1 = Pq_1 = (8-q_1-q_2)q_1$$

を最大にするとき、(企業 2 の生産量 q_2 が与えられたときに) 企業 1 の売り上げ高が最大になる点は

$$0 = \frac{\partial W_1}{\partial q_1} = 8-2q_1-q_2 \tag{7}$$

によって求められる。企業 1 が売上高を最大化するときのナッシュ均衡は、この(7)式と、問(1)で求めた(6)式から求められる。これらより、

$$0 = 16-4q_1-2q_2 \tag{7'}$$
$$0 = 6-2q_2-q_1 \tag{6}$$

下の式を上の式から引くと、$0 = 10-3q_1$ となり、$q_1^* = \frac{10}{3}$ である。これを(6)式に代入すると、$q_2^* = \frac{4}{3}$ となる。市場価格は $P^* = 8-q_1^*-q_2^* = \frac{10}{3}$ なので、各企業の利潤は

$$\pi_1^* = (P^*-MC)q_1^* = \frac{4}{3} \times \frac{10}{3} = \frac{40}{9}$$
$$\pi_2^* = (P^*-MC)q_2^* = \frac{4}{3} \times \frac{4}{3} = \frac{16}{9}$$

である。

(3) 問(2)での企業 1 の利潤 $\frac{40}{9}$ は、問(1)での企業 1 の利潤 4 より大きい。企業 1 は利潤最大化をしない経営者を連れてくるほうが得をしている。これが起こる理由は、売り上げを最大化する経営者を雇うことにより、(利潤を最大化するときよりも) **過大に生産する**というコミットメントをすることができて、相手の生産量を抑えて利潤を上げることができた、ということである。利潤を最大化するときの企業 1 の最適反応は(5)式から得

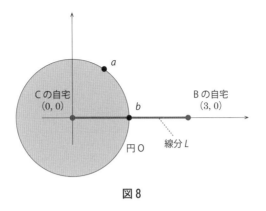

図 8

られ、

$$q_1 = R_1(q_2) = 3 - \frac{1}{2}q_2 \tag{8}$$

となる一方、売り上げを最大化するときの最適反応は(7)式から

$$q_1 = R_1^*(q_2) = 4 - \frac{1}{2}q_2 \tag{9}$$

となる。(8)式<(9)式なので、売り上げを最大化する経営者を連れてくると過大に生産することにコミットできるのである。

B2 Aが、たとえば図8のa点を提案した場合、円Oの内側にBが提案する図書館の位置があれば、そちらのほうがCの家に近いので、Cはそちらを選ぶ。Oの円周の上にBの提案があれば、CはAの提案とBの提案に関して無差別である（どちらでもよい）。そこで、このような場合にCがBの提案を受け入れるような均衡をまず求めてみよう。

Aの提案aが与えられると、円Oの内部および円周のどの点をBが提案しても受け入れられる。その中で、Bにとって最適な点（Bの家に近い点）は図のb点である。以上のことから考えると、Aがどんな点を提案しても、最終的に選ばれる点は図8の$(0,0)$と$(3,0)$を結ぶ線分Lのどこかになる。

Aは適当な提案をすることで、この線分Lのどの点も実現できる。線分

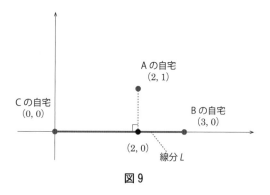

図9

L の中で A にとって最も得な点(A の自宅に一番近い点)は $(2,0)$ である(図9)。したがって、部分ゲーム完全均衡で実現する図書館の位置は $(2,0)$ である。

最後に、図8の円 O の円周上に B の提案があった場合に(C は A の提案と B の提案のどちらでもよいので)A の提案のほうを(正の確率で)選ぶ場合を考えてみよう。(細かいことなので、興味のない人は、この部分はそれほど熱心に読まなくてもよいです。)その場合、B にとって得なのは「円 O 内の、なるべく図8の b 点に近い(しかし b とは異なる)点を選ぶ」ということだが、b に近づけば近づくほど B の利得は上がるので、B にとって最適な点(一番良い点)はないことになる。したがって、「C が A と B の提案に無差別なとき、A の提案を(正の確率で)取る」場合には、A が提案した後の部分ゲームに均衡がないことになる。したがって、そのような部分ゲーム完全均衡はないので、最初に考えたものが唯一の部分ゲーム完全均衡である。

B3 (1) 各業者が、コストと同じ1000万円を入札し、利潤がゼロになるのがナッシュ均衡である。より正確に言うと、「二つ以上の業者が1000万円を入札し、残りの業者がそれより大きい額を入札する」こと、そしてそのことのみが、ナッシュ均衡である。(理由は自分で考えてみよう!)

(2) $N = 5$ のとき談合を守っていると、毎年 $\frac{1}{5}$ の確率で自分が勝者になって、利潤 $3000 - 1000 = 2000$ 万円が手に入る。したがって、毎年の期待利潤は、$\frac{1}{5} \times 2000 = 400$ 万円である。一方、自分が勝者に選ばれなかったときに談合を破って勝者の入札額3000万円よりわずかに低い入札をすると自分が

勝って、ほぼ勝者と同じ2000万円を手に入れられる。つまり、談合を破ったときの今期の利得の上限は2000万円である。しかし将来は談合が崩れて、各年の利潤は問(1)で求めたナッシュ均衡利潤（= 0）となる。つまり、談合を破ると毎年得られる400万円の期待利得がなくなるので、将来の損失の合計は

$$400\delta + 400\delta^2 + 400\delta^3 + \cdots = \frac{\delta}{1-\delta}400 = 3600 \text{（万円）}$$

である。これは談合を破って得られる今期の得である2000万円より大きいので、談合を破るのは損である。したがって、談合は安定的に維持される。

(3) 問(2)と同様に計算すると、業者数が N のとき、談合がうまくいっているときの毎年の各業者の利得は $\frac{1}{N} \times 2000$ 万円であり、一方、談合を破ったときの当期の利益は2000万円である。談合が守られる条件は

$$2000 \leq \frac{\delta}{1-\delta}\left(\frac{1}{N}2000\right) = 9\left(\frac{1}{N}2000\right)$$

である。これから $N \leq 9$、つまり談合がうまくいくのは業者の数が9以下の場合であることがわかる。

経済学ビフォーアフター

C1 この新聞記事の要点は、政府はデパートを救済することにかかるコストよりも、救済して金融システムが安定する便益が大きいと判断し救済を進めようとしたが、世論の反対にあって難航し、結局デパートが経営を続けることを断念して破産することを選んだということである。

　政府やこの新聞記事が見落としている大きな点は、破綻した企業を救済することによる便益が費用を上回っていても、やたらに救済すると将来経営規律が保てなくなり長期的にみて損をする可能性がある、ということである。やたらに救済しないことにコミットすることで、長期的に経済の運営がうまくいく、ということが、ゲーム理論を使った分析が明らかにすることである。新聞記事の例では、「破綻した私企業を政府が国民の税金を使って救済するのはけしからん」という有権者の声が、そのようなコミットメントを生み出す力になることを示唆している。

8 保険とモラル・ハザード

本章で学ぶこととキーワード

キーワードの意味がわかっているかどうか、□にチェックマークを入れてみよう！

第8章　保険とモラル・ハザード

8.1 効率的な危険分担と保険の役割

人々の所得が景気や事故などによってランダムに変動するときには、各人の危険に対する耐性や好みに従って所得の変動を分担するのがよい。保険の基本的な役割は、危険に対する耐性の高い人たちが、危険に対する耐性の低い人たちの所得の変動を（対価を取って）肩代わりして、効率的な危険分担を達成するということである。

□ パレート効率的な危険配分　□ 保険
□ 危険中立的な人と危険回避的な人の間の危険分担

8.2 モラル・ハザードとその対策

ある人（依頼人＝プリンシパル）が別の人（代理人＝エージェント）に仕事を依頼するときに、代理人がきちんと働いているかどうかがはっきりわからない、ということが非常に多くの社会・経済問題で発生する。このような、「観測できない行動」が引き起こす問題を、モラル・ハザードの問題と言う。

観測できない行動（たとえばセールスマンの努力）と、それがもたらす成果（たとえば売り上げ）の間にはランダムなショック（運・不運など）が介在するのが普通である。このようなときに代理人をうまく働かせるためには、代理人に結果責任を負わせる必要があるのだが、このことは危険分担の効率性の観点からみると望ましくないことが多い。代理人に対する最適な支払い

契約は、「結果責任を負わせて努力するインセンティブを与える」という目標と、「なるべく無駄なリスクを代理人に負わせないようにする」という危険配分の効率性の目標をうまくバランスをとって達成するものとなる。

> ☐ 情報の非対称性　☐ 隠された行動
> ☐ モラル・ハザード　☐ 依頼人　☐ 代理人
> ☐ 危険分担の効率性とインセンティブ供与のトレード・オフ
> ☐ 参加条件　☐ インセンティブ条件

復習問題：基本中の基本を身につけよう！　A

A1 モラル・ハザードと逆淘汰とは何かを説明し、それぞれの問題が自動車保険において生じていることを説明せよ。

A2 モラル・ハザードの下での最適契約：危険中立的な株主が危険回避的な経営者を雇うが、経営者の努力水準を株主は観察できないとする。会社の売り上げは誰でも見られる公開情報で、これは1億円か5000万円のどちらかであり、経営者が努力すると売り上が1億円になる確率が上がる。ただし、努力してもしなくても、売り上げが1億円であることと5000万円であることは両方ゼロでない確率で生ずるため、売り上げを見ただけでは努力したかどうかは確実にはわからない。経営者への報酬を、会社の売り上げにどう連動させればよいかを考えるのが、典型的なモラル・ハザードの問題である。

(1)「危険分担の効率性を達成すること」と「努力するインセンティブを経営者に与えること」は両立不可能であることを説明せよ。

(2) 努力したときに売り上げが1億円になる確率を $\frac{1}{2}$、努力しなかったときに売り上げが1億円になる確率を $\frac{1}{10}$ で、

$$経営者の利得 = 報酬から得る期待効用 - コスト$$

とする。努力した場合のコストは8、努力しなかった場合のコストは0である。また経営者の（ノイマン・モルゲンシュテルン）効用関数を $u(\cdot)$ と書く。売り上げが1億円のときの経営者の報酬を W、売り上げ5000万円のときの報酬を W' としたとき、経営者が自発的に努力するた

めの条件（**インセンティブ条件**）を書け。また、経営者に努力させるためには、売り上げが1億円のときの効用 $u(W)$ と売り上げが5000万円のときの効用 $u(W')$ の差 $u(W)-u(W')$ をいくら以上にしなければならないかを述べよ。

発展問題と現実への応用　　　B

B1 **機会の平等と結果の平等**：世の中には、同じように努力しても運・不運によって成功する者もいれば失敗する者もいる。同じくらいの試験勉強をしても、たまたまヤマが当たるか否かで高得点を得る者と落第点を取る者が出る。同じ営業努力をしても、偶然の要素によって儲かる店とそうでない店の差が出る。出発点で同じ条件を得ているという「**機会の平等**」が保証されていても、運・不運によって「**結果の平等**」が保証されないのが、市場経済のひとつの特徴である。このようなとき、「同じくらい努力したのに、たまたまヤマがあたった人の成績が良いのは不公平だ」「同じ努力をしたのに、たまたま幸運で売り上げが上がったセールスマンのボーナスが高いのは不公平だ」という意見がよく聞かれるが、情報の非対称性がある場合には、結果の平等をむやみに保証すると大きな社会的損失が出る可能性があることを説明せよ。
〔ヒント：モラル・ハザードの理論が参考になります。〕

B2 **これからの社会を生き抜くために**：現代社会の特徴は技術革新のテンポが急激に速くなっていることで、このため**生涯に何回か転職するのが普通である社会**がやってくるかもしれない。出版社や著作業の人たちがスマートフォンなどのメディアに食われる、タクシーがUberに食われる、実店舗がアマゾンに顧客を奪われる、などがその例である。こうした転職のリスクを緩和するためには、経済学的に考えると、職を失って再就職するまでの所得の減少を補填してくれるような「転職保険」を掛けることが王道のように思われる。このことが実現できそうかどうかを、ミクロ経済学の知識をもとに論ぜよ。

解答

復習問題

A1 情報の非対称性が引き起こす問題のうち、「隠された行動」によって引き起こされるものをモラル・ハザードの問題、「隠された情報」によって引き起こされるものを逆淘汰の問題と言う。自動車保険においては、「安全運転しているかどうかは保険会社にはわからない」という、隠された行動によって引き起こされるモラル・ハザードの問題が発生する。また、「運転がうまいかどうかは、本人は知っていても保険会社にはわからない」という、隠された情報によって引き起こされる逆淘汰の問題も発生する。

A2 (1)「危険分担の効率性を達成する」ためには、危険中立的な株主がすべてのリスクを吸収して、経営者の報酬は売り上げにかかわらず一定にするのがよい。しかし「努力するインセンティブを経営者に与える」ためには、経営者に結果責任を負わせる必要があり、経営者の報酬は売り上げに連動して変動するようにしなければならない。この二つの要件は両立不可能である。

(2) インセンティブ条件は

$$\frac{1}{2}u(W)+\frac{1}{2}u(W')-8 \geq \frac{1}{10}u(W)+\frac{9}{10}u(W')$$

である。左辺が努力したときの経営者の利得、右辺が努力しないときの利得である。これを書き換えると

$$\frac{1}{2}[u(W)-u(W')]+u(W')-8 \geq \frac{1}{10}[u(W)-u(W')]+u(W')$$

なので、

$$\left(\frac{1}{2}-\frac{1}{10}\right)[u(W)-u(W')] \geq 8$$

これより、$u(W)-u(W') \geq 20$ が答えとなる。つまり、なるべく不必要なリスクを経営者に負わせることなく、かつ経営者に努力をさせるには、

売り上げが高いときの報酬 W を、売り上げが低いときの報酬 W' より、この不等式を満たすだけ大きくすればよいのである。

発展問題と現実への応用

B1 何らかの仕事を請け負っている人（代理人）が、本当に真面目に努力しているかどうかわからない、というモラル・ハザードの問題がある場合に、代理人を真面目に働かせるには結果責任を取らせる必要がある。たとえば、セールスマンが本当に真面目に努力しているかは観察できないが、売り上げは観察できるケースを考えてみよう。

売り上げは、低いか高いかどちらかであり、どちらも起こりうるのだが、売り上げが高くなる確率は、セールスマンが努力すれば上がると考えよう。いま、東京と大阪にそれぞれ一人のセールスマンがいて、真面目にやれば自分の売り上げは80％の確率で高くなるとしてみよう。このようなときにセールスマンに真面目に努力させるには、売り上げが高いときの報酬を高くする必要がある（**A2** を見よ）。この報酬の下で、東京と大阪のセールスマンはどちらもきちんと努力するのだが、運・不運によって大阪では売り上げが高いのに東京ではたまたま低いということが起こりうる（東京と大阪の売り上げは独立に動くケースを考える）。すると、大阪のセールスマンは儲け、東京のセールスマンは儲からずに泣くことになる。このように、モラル・ハザードの問題がある場合には、「機会の平等」（売り上げが実現する以前の段階で、同じ努力をした人には同じ期待利得を保証する）を与えることはできても、「結果の平等」は保証できない。結果の平等を保証するには、「売り上げが高くても低くても同じ報酬を与える」こと、つまり結果責任を取らせることを放棄せざるを得なくなり、これでは努力するインセンティブを与えることができないのである。

> **コメント** このように、情報の経済学は、世の中の格差を是正するのはなかなか一筋縄ではいかないことをわれわれに知らせてくれるのです。

B2 モラルハザードがあるので、このような社会で非常に重要になる基本的なリスクを軽減することは難しい。というのは、不可抗力で転職を余儀なく

される人のほかに、職務怠慢で職を失う人も転職保険を掛けられてしまうからである。「まじめに働いているかどうか」ということが観察困難であるというモラルハザードの問題があるときに、転職保険をつくると、転職保険目的でまじめに働かないことを助長してしまい、大きな非効率性が生じてしまう危険性がある。

> コメント　これが、技術革新のスピードが加速し、普通の人が何度も転職するようになると思われるこれからの社会をわれわれが生き抜くときの基本的な大問題なのです！

9 逆淘汰とシグナリング

本章で学ぶこととキーワード

キーワードの意味がわかっているかどうか、□にチェックマークを入れてみよう！

第9章　逆淘汰とシグナリング
9.1　**逆淘汰とは？**
9.2　**シグナリングの原理**

情報の非対称性が引き起こす問題のうち、原因が「隠された行動」にあるものをモラル・ハザードの問題と言い、原因が「隠された情報」にあるものを逆淘汰の問題と言う。隠された情報を持っている人からその情報をうまく引き出すには、「その情報を持っている人にとっては得だが、情報を持っていない人にとっては損になる」ような行動を取らせればよい。このような、「隠された情報を伝える行動（を取ること）」をシグナル（シグナリング）と言う。

> □ 隠された情報　□ 逆淘汰　□ レモン市場
> □ シグナル　□ シグナリングの原理
> □ シグナルとなる行動と報酬の間の無差別曲線
> □ 単一交差条件　□ 自己選択

9.3　**労働市場のシグナリング均衡**

労働者の生産性（能力）は、労働者本人はよく知っているが、労働者を雇う企業はこれを観察できない。労働市場には、このような情報の非対称性が引き起こす逆淘汰問題が存在する。このとき、学歴が「労働者が持って生まれた能力」という隠された情報を企業に伝えるシグナルとして機能する可能

性がある。

このことをモデル化したものが、スペンスの労働市場のシグナリング均衡モデルである。そこでは、高い能力を持つ者ほど高い学歴を得て、結果として能力という隠された情報が企業に伝わるような均衡（分離均衡）もあれば、すべての労働者が同じ学歴を選んで隠された情報が全く伝わらないような均衡（一括均衡）も存在する。

- ☐ シグナリング均衡　☐ 学歴と生産性の関係の予想
- ☐ 学歴と賃金の関係の予想
- ☐ 予想の下での最適行動と予想の的中（均衡条件）
- ☐ 一括均衡　☐ 分離均衡

復習問題：基本中の基本を身につけよう！　A

A1 自己選択条件とシグナリングの原理：労働者の（事務）能力（＝労働生産性）は本人にしかわからない私的情報であるとする。就職するまでの勉強量（学歴）を x、就職してから得る年収を w として、能力の高い労働者の利得は

$$u_H = w - \frac{1}{2}x$$

であるとする。ここで、$\frac{1}{2}x$ は能力の高い労働者にとっての勉強することのコスト（心理的負担）を表す。能力の低い労働者は、勉強のコストがより高く、その利得は

$$u_L = w - x$$

であるとする。いま、$x = 1$ を高卒の学歴とし、高卒の年収は $w = 300$（万円）であるとしよう。このとき、事務能力の低い者が自発的に高卒で年収300万円を得ることを選び、能力の高い者が自発的により高学歴で高収入の職につくようになるためには（つまり、学歴が「観察できない能力」を公開するシグナルの働きをするには）、「高学歴、高収入」の職 (x', w') がどのような条件を満たす必要があるかを数式で示せ（**自己選択条件**）。また、(x', w') が位置すべき範囲を横軸に x、縦軸に w を取ったグラフに図示せよ。

また、この例に即してシグナリングの原理とは何かを説明せよ。

発展問題と現実への応用　B

B1 学歴社会はみんなを不幸にする？：受験競争と学歴社会を廃止すると、社会の全員が得をする可能性がある。このことを示すために、**A1** の、労働者がいるスペンスのシグナリング・モデルを考える。能力の低い労働者の生産性が300（万円）、能力の高い労働者の生産性が500（万円）であるとする。能力の高い労働者の割合を r で表す。

(1) 受験競争を廃止すると、全員が学歴 $x=0$ を強制的に選ばされ、各人は社会の平均の生産性に等しい年収を得る。受験競争が廃止されていないときは、異なる能力を持つ労働者が異なる学歴を選ぶ分離均衡が成り立っているとする。受験競争の廃止が労働者と企業全員にパレート改善をもたらす（誰の利得を下げることなく、誰かの利得を上げることができる）可能性があることを、無差別曲線を使った図を使って示せ。

(2) 受験勉強の廃止が社会にとって望ましいのは、能力の高い労働者の割合 r が大きいときか小さいときか、どちらであるかを述べよ。直観的になぜそうなるかをわかりやすく説明せよ。

経済学　ビフォー　アフター　C

本書 pp. 2-3 の「経済学ビフォーアフター」において、「いくつかの問題を、自力で考えてみよう」と出題した問題（ 7 8 ）について、東京大学の受講生の意見分布と、「正解」と言えるものを教える。なぜ「正解」が正しいかを考えてみよ。

C1 (1) 受験英語は実際に外国人と意思疎通するためにはほとんど役に立たない（残念ながらこれは事実です）。にもかかわらずこれがなくならないのは、企業が新規採用の際に受験英語の能力（で決まる学生の出身大学）を重視するからであり、役に立たないものを重視したり勉強したりする企業や学生は、合理的な判断を欠いていると言わざるを得ない。

〔学生の意見〕 経済学 ビフォー この問題は授業で出題していないので、

学生の意見分布はありません。

〔正　　解〕経済学 アフター 間違い！

(2) 東京大学卒業生の年収が高いのは、子どものころからの受験勉強から始まって大学卒業にいたるまでに受けた教育が、卒業生の実力を高めるからである。

〔学生の意見〕経済学 ビフォー 正しい (48%)、間違いである (52%)

〔正　　解〕経済学 アフター 間違い！

　以上の二つの文章が間違っている可能性があることを、シグナリングの理論を使って説明せよ。また、次のような「正論」が掲げる目標がなかなか実現しない理由を、シグナリングの理論を使って説明せよ：

> 労働者の本当の能力は、大学入試一発勝負の結果よりも、大学に入ってからの勉強の成果と成績のほうによりよく反映される。欧米では、大学での成績が就職に大きく左右するので学生がよく勉強し、うまくいっている。しかし日本では、どこの大学に入ったかで就職がもっぱら決まってしまう。これは著しく不合理であるし、学生が大学に入った後、熱心に勉強をしなくなるという問題もある。こんなことをしている日本人は馬鹿である。

解答

復習問題

 自己選択条件は、「能力の低い労働者は高卒 $((x, w) = (1, 300))$ のほうが、高学歴高収入 $((x', w'))$ よりよい」という条件

$$300 - 1 \geq w' - x' \tag{1}$$

と、「能力の高い労働者は高卒より高学歴高収入を好む」という条件

$$300 - \frac{1}{2} \times 1 \leq w' - \frac{1}{2} x' \tag{2}$$

の二つからなる。これらの条件を満たす (x', w') の範囲は、図1の灰色の部分である。直線Ⅰ（能力の低い人の無差別曲線）の下側が(1)式を満たす範

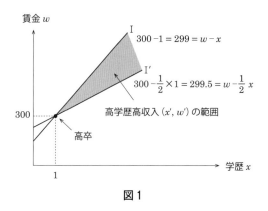

図1

囲であり、直線 I'（能力の高い人の無差別曲線）の上側が、(2)式を満たす範囲である。

図1の灰色の部分に「高学歴、高収入」の点 (x', w') があると、「高学歴」 x' を取ることは、能力の高い人にとっては得だが、能力の低い人にとっては（コストがかかりすぎて）損である。このように、「自分にとっては得だが、自分と異なるタイプの人にとっては損になるような行動を取ることによって、自分のタイプを他人に知らせる」ことを、シグナリングの原理と言う。

発展問題と現実への応用

B1 (1)学歴社会では、図2(a)のような分離均衡が成り立っているとする。これは、分離均衡の中でも能力の高い者がしなければならない勉強量 x が最も少ない（パレート効率的な）分離均衡であり、「学歴社会のあり方の中で、いちばんましなもの」を表している。一方、学歴社会が廃止されると、図2(b)のようになって、能力の高い労働者も能力の低い労働者も等しく得をする、ということが起こりうる。図2(a)(b)の両方において、賃金競争を通じて企業は期待生産性に等しい賃金を払っているため利潤はゼロである。したがって、学歴社会を廃止すると、企業の利潤を変えずに労働者全員が得をするということが起こり得る。

(2)受験勉強の廃止が社会にとって望ましいということが起こったのは、図2(b)の「社会の平均の生産性」を表す点が、点 z より上にあるからである。このためには、「能力の高い労働者の割合」 r が十分大きい必要がある。

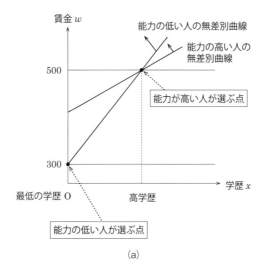

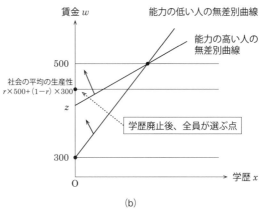

注) 矢印は、利得の上がる方向。

図2

このことの直観的な理由は次の通りである。学歴社会が廃止されると、能力の低い労働者と同じ量の勉強を全員がすることになる。その結果、能力の低い人は、同じ量の勉強をしながら社会の平均の生産性に等しい賃金を得られるので必ず得をする。一方、r が大きいときは、社会の平均の生産性は、能力の高い人の生産性にほぼ等しい。したがって、能力の高い人は、不必要な勉強をする必要がなくなる一方で、ほぼ前と同じ

賃金を得られるのだから、やはり得をする。つまり、「それほどたくさんいない能力の低い人と自分が同じと思われないように、能力の高い人はめちゃくちゃ勉強する必要がある」ような場合には、受験勉強の強制廃止が全員をよりハッピーにする可能性があるのである！

経済学ビフォーアフター

C1 労働市場のシグナリング理論によると、全く役に立たない（全く生産性を上げない）受験勉強が、もともと能力の高かったものを選別する機能を持つことがある。このような状態（「分離均衡」）が成り立っている社会では、企業は受験勉強をどれくらいしたかを見ることで労働者の能力を正確に判断でき、また学生は受験勉強をすることで高い賃金を得ることができる。「役に立たない受験勉強をする」「それに従って労働者の質を判断する」ということが、合理的な行動となるのである。また、そのような社会では、「受験勉強をした者ほど賃金が高い」ことが観察されるが、これは「もともと能力の高い者のみが苦しい受験勉強をする」ためであり、受験勉強が生産性を上げているわけではない。東大生の給料が高い理由は、受験から大学卒業までにした勉強が生産性を上げているのではなく、苦しい勉強がもともと生産性の高い者を選別するのに役に立っているのにすぎない可能性がある。

また、「どの大学に入ったかで就職が決まり、大学で本当にどれだけ勉強したかが就職先にほとんど影響しない」日本の社会を変えるには、大学や学生、企業がばらばらに「こんなバカなことはやめよう」とするだけではだめで、社会全体の予想が大きく同時に変化して、「入試でどこの大学に入ったかが生産性のシグナルになる均衡状態」から、「大学でどれだけ頑張ったかが生産性のシグナルになる均衡状態」に移行する必要がある。

最後に一言

どうでしたか？
単なる計算問題ではない問題を解くことで、
社会経済のさまざまな問題を
自分の頭で考える「技」が
身についたと思います。
こうして得た力をもとに
「冷静な頭脳と温かい心」を実践して、
社会を良くしていきましょう！

経済学ビフォーアフターの解答ページ一覧

1. 生活必需品への補助金 → 第3章 C3 （p.106）
2. 表参道や銀座のレストランが高いのはなぜか？ → 第3章 C2 （p.105）
3. 首都高速の料金はなぜ高いか？ → 第4章 C1 （p.120）
4. 高速道路料金はタダにすべきか？ → 第3章 C5 （p.109）
5. 音楽の無料ダウンロード → 第3章 C1 （p.104）
6. 輸入自由化はケースバイケース？ → 第3章 C4 （p.108）
7. 受験勉強と労働者の能力(1) → 第9章 C1 (1) （p.190）
8. 受験勉強と労働者の能力(2) → 第9章 C1 (2) （p.190）
9. 重要産業の保護 → 第3章 C6 （p.109）
10. 景観保持のための規制は望ましいか？ → 第4章 C2 （p.120）
11. グローバル経済における勝ち組と負け組 → 第3章 C7 （p.110）
12. 破綻しかけた金融機関の救済の是非 → 第7章 C1 （p.177）
13. 金融ビジネスが生み出す社会的価値 → 第6章 C1 （p.158）

索引

ア　行

1次同次関数…41
一括均衡…185
一括固定税…70, 72, 87
一括所得移転…72
一般均衡分析…70, 79
一般均衡モデル…70, 73
依頼人…179
インセンティブ条件…179
エッジワースの箱…71, 74, 76, 142
凹関数…41

カ　行

外部経済…111
外部性…109, 111
外部不経済…111
価格競争…133
価格支配力…122
価格弾力性…8, 123
価格比…7
下級財…7, 13
隠された行動…179
隠された情報…184
学歴社会…186
価値尺度財（ニュメレール）…71, 74
過当競争…138
可変費用…40, 42, 86
カルテル…161
完全代替財…6
間接税…70, 73
完全競争…39, 42
　　──均衡…75, 113
完全分配定理…41
完全補完財…6
完備性（選好の）…6, 8
機会の平等…180
機会費用…45, 69
危険愛好…133, 135
危険回避…133, 135

危険中立…133, 135
危険分担…178
技術的外部性…111, 112
技術的限界代替率…40, 43
　　──逓減の法則…40, 43, 49
基数的効用…6
期待効用最大化モデル…133, 135
期待値…133
期待利得の最大化…134
ギッフェン財…7, 13
規模に対する収穫…40
逆淘汰…179, 184
供給曲線…39, 42
供給法則…41
協調…161, 164
共有地の悲劇…153
金銭的外部性…111
クールノーの極限定理…153
クールノー・モデル…133, 135
くり返しゲーム…161, 164
グローバリズム…71
契約曲線…71, 76
ゲーム…132
　　──の木…160, 162
結果の平等…180
限界効用…7, 10
　　──均等の法則…7
限界収入…122, 123
限界生産性…39, 42
　　──逓減の法則…39, 42
限界損失…111, 112, 115
限界代替率…6, 7, 9, 11
　　──逓減の法則…6, 10
限界費用…40, 42
　　──価格規制…122, 123
限界評価…112, 113
限界便益…114
限界変形率…72, 85
コア…71
硬貨合わせゲーム…135

交換経済…71, 76
公共財…111, 112, 115
　　――の自発的提供ゲーム…145
厚生経済学の第1基本定理…71, 74, 75
厚生経済学の第2基本定理…72, 74
効用…8, 10
　　――関数…6, 8, 15
　　――最大化…12
合理性…133, 134
合理的行動…6, 8
コースの定理…111
固定費用…40, 42, 86, 122
コブ・ダグラス生産関数…44, 50
コミットメント…161, 163
混合戦略…134, 135
　　――均衡…134, 140

サ 行

最適契約…179
最適消費…6, 10, 12
　　――計画…70
最適生産計画…70
サミュエルソン条件…112, 113
参加条件…179
産業の長期供給曲線…69
産業の長期均衡…45, 69
サンク・コスト…40, 42, 86
シェファードの補題…8, 18, 23
死荷重…70, 73
時間不整合性…161
シグナリング均衡…185
シグナリングの原理…184, 185, 186
シグナル…184
資源配分…70, 74, 75
　　――のブロック…71
試行錯誤…133, 134
自己実現的な合意…143
自己選択…184, 185
自己代替効果…7
支出関数…8, 18, 22
市場供給…69
市場均衡…69, 75
市場需要…69
市場メカニズム…72

自然独占…123
実質賃金…39
私的限界費用…114
支配戦略…143
社会的限界費用…111, 112, 115
収穫一定…40
収穫逓減…40
収穫逓増…40
従価税…70
自由主義経済思想…72
囚人のジレンマ…134
従量税…70
シュタッケルベルク・モデル…161, 163
需要曲線…76
需要と供給の識別…77
需要の価格弾力性…8, 14, 24
需要法則…7
純粋戦略…134, 139
準線形の効用関数…69, 88
上級財（正常財）…7, 13
条件付き行動計画…160, 162
消費者主権…71
消費者余剰…69, 72
消費税…79
情報効率性…72
情報集合…160, 166
情報の非対称性…179
初期保有量…70, 76
序数的効用…6
所得効果…8, 13, 20, 73
所得税…79
所得分配…41
信頼性のない脅し…160
推移性（選好の）…6, 8
数量競争…133
スルツキー分解…8, 18, 21
生産可能性集合…70, 73
　　――の凸性…41
生産関数…39, 42, 45
　　――の凹性…41
生産者余剰…40, 42, 51, 72, 73
成長会計…67
ゼロ次同次性…71, 73
ゼロ和2人ゲーム…155

選好…6, 8, 15
戦略…132
操業停止価格…40
相対価格…71, 74
双対性…8, 18
総余剰…70
損益分岐価格…40

タ　行

代替効果…8, 13
　――の対称性…19
代替財…14, 19
代理人…179
単一交差条件…184
短期限界費用…41, 44
短期の生産関数…39
短期平均費用…41, 44
談合…165
男女の争い…136
超過需要…73
　――関数…70
超過利潤…69
長期供給曲線…45
長期限界費用…41, 44
長期の生産関数…39
長期平均費用…41, 44
強い凹関数…133
強い凸関数…133
展開型…160, 166
同時手番…132
等利潤線…39, 45, 161
等量曲線…40, 43, 48
独占…122
　――の最適生産…123
　――の非効率性…122, 123
凸集合…6
トリガー戦略…161, 164

ナ　行

内部化…112
ナッシュ均衡…132, 134
　――の存在定理…134
　――の非効率性…153
二部料金制…131

ノイマン・モルゲンシュテルン効用関数…133

ハ　行

ハイエク…72
話し合い…133, 134
パレート改善…70, 71, 74
パレート効率性…71, 74, 75
反応曲線…161
比較静学…69
非競合性…112
ピグー税…111, 112
ピグー補助金…111
非排除性…112
費用関数…39
費用最小化条件…41, 43
費用逓減…122
フォロアー…161
不確実性…133
部分均衡分析…69, 79
部分ゲーム…160, 162
　――完全均衡…160, 162, 164
プライステイカーの仮定…39
プライスのパラドックス…151
フリーライダー問題…112, 113
分権的意思決定…72
分離均衡…185
平均生産性…39, 42
平均費用…40, 42
　――価格規制…122, 123
ベルトラン・モデル…133, 135
豊作貧乏…24
包絡線…41
補完財…19
保険…178
補償需要関数…7, 13
補償変分…36

マ　行

無差別…6
　――曲線…6, 9
モラル・ハザード…178, 179

ヤ　行

誘因整合性…72

要素需要法則…41
余暇…70
予算制約式…7, 70
予算線…7, 10
　　──の傾き…7, 10

ラ　行

ラグランジュの未定乗数法…7, 15
リーダー…161
利潤最大化…39, 40
　　──条件…39, 41, 42, 44
立地ゲーム…136
利得…132
リンダール均衡…112, 113
ル・シャトリエの原理…41, 44
ルジャンドル変換…61
レモン市場…184
労働供給…70, 73
　　──曲線…70
労働の限界不効用…70
労働の最適供給条件…70
労働分配率…49

ワ　行

割引因子…161
ワルラス法則…71, 73

著者紹介

神取道宏(かんどり・みちひろ)

1959年生まれ。スタンフォード大学博士(Ph.D.)。ペンシルバニア大学助教授、プリンストン大学助教授、東京大学経済学部助教授を経て、1999年より東京大学大学院経済学研究科教授。理論経済学では最大の国際学会であるEconometric Societyの終身特別会員(フェロー)。日本経済学会会長(2017年度)。専門はミクロ経済学、ゲーム理論。社会規範、進化ゲーム、くり返しゲーム等の先駆的研究で知られる。

著書:『ミクロ経済学の力』(日本評論社、2014年)

ミクロ経済学の技(けいざいがく わざ)

2018年4月30日　第1版第1刷発行
2024年11月20日　第1版第4刷発行

著　者————神取道宏
発行所————株式会社 日本評論社
　　　　　　〒170-8474　東京都豊島区南大塚3-12-4
　　　　　　振替 00100-3-16
　　　　　　電話 03-3987-8621(販売)、03-3987-8595(編集)
　　　　　　https://www.nippyo.co.jp/
印刷所————精文堂印刷株式会社
製本所————株式会社難波製本
装　幀————図工ファイブ

検印省略　©KANDORI, Michihiro, 2018
Printed in Japan　ISBN 978-4-535-55896-0

JCOPY 〈(社)出版者著作権管理機構 委託出版物〉本書の無断複写は著作権法上での例外を除き禁じられています。複写される場合は、そのつど事前に、(社)出版者著作権管理機構(電話:03-5244-5088、FAX:03-5244-5089、e-mail:info@jcopy.or.jp)の許諾を得てください。また、本書を代行業者等の第三者に依頼してスキャニング等の行為によりデジタル化することは、個人の家庭内の利用であっても、一切認められておりません。

経済学の学習に最適な充実のラインナップ

入門経済学 [第4版]	伊藤元重／著	3300円
ミクロ経済学 [第3版]	伊藤元重／著	(4色刷) 3300円
ミクロ経済学パーフェクトガイド	伊藤元重・下井直毅／著	(2色刷) 2420円
ミクロ経済学の力	神取道宏／著	(2色刷) 3520円
ミクロ経済学の技	神取道宏／著	(2色刷) 1870円
マクロ経済学 [第3版]	伊藤元重／著	(3色刷) 3300円
入門マクロ経済学 [第6版]	中谷 巌・下井直毅・塚田裕昭／著	(4色刷) 3080円
例題で学ぶ 初歩からの計量経済学 [第2版]	白砂堤津耶／著	3080円
例題で学ぶ 初歩からの統計学 [第2版]	白砂堤津耶／著	2750円
入門 公共経済学 [第2版]	土居丈朗／著	3190円
入門 財政学 [第2版]	土居丈朗／著	3080円
行動経済学	室岡健志／著	2750円
[改訂版] 経済学で出る数学	尾山大輔・安田洋祐／著	2310円
計量経済学のための数学	田中久稔／著	2860円
実証分析入門	森田 果／著	3300円
最新 日本経済入門 [第6版]	小峰隆夫・村田啓子／著	2750円
経済学を味わう 東大1、2年生に大人気の授業	市村英彦・岡崎哲二・佐藤泰裕・松井彰彦／編	1980円
大学生のための経済学の実証分析	千田亮吉・加藤久和・本田圭市郎・萩原里紗／著	2530円
経済論文の書き方	経済セミナー編集部／編	2200円

日評ベーシック・シリーズ

経済学入門	奥野正寛／著	2200円
ミクロ経済学	上田 薫／著	2090円
計量経済学のための統計学	岩澤政宗／著	2200円
計量経済学	岩澤政宗／著	2200円
ゲーム理論	土橋俊寛／著	2420円
財政学	小西砂千夫／著	2200円
マーケティング	西本章宏・勝又壮太郎／著	2200円

シリーズ・新エコノミクス

ミクロ経済学入門	清野一治／著	(2色刷) 2420円
マクロ経済学入門 [第3版]	二神孝一／著	(2色刷) 2420円

※表示価格は税込価格です。

〒170-8474 東京都豊島区南大塚3-12-4　TEL:03-3987-8621　FAX:03-3987-8590　日本評論社
ご注文は日本評論社サービスセンターへ　TEL:049-274-1780　FAX:049-274-1788　https://www.nippyo.co.jp/